閉塞日本を変えるキリスト教

公共神学の提唱

稲垣久和
水山裕文
共著

いのちのことば社

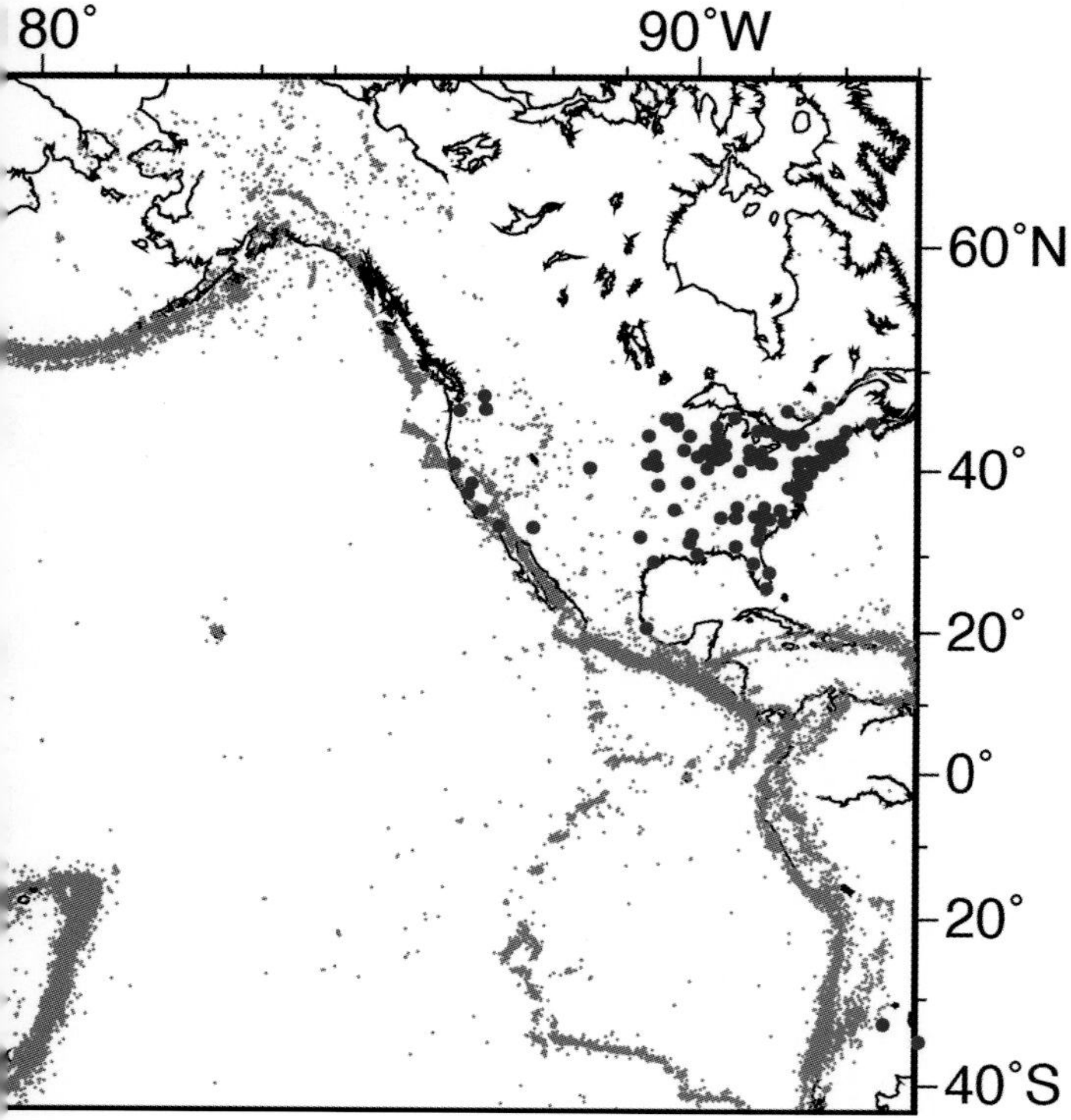

現在の世界の原子力発電所（原子力資料情報室〈2010〉による。ブラジルの原発１か所が図の外側にある）。
石橋克彦・日本地震学会モノグラフ「日本の原子力発電と地球科学」（2015年）より。〈本書74頁参照〉

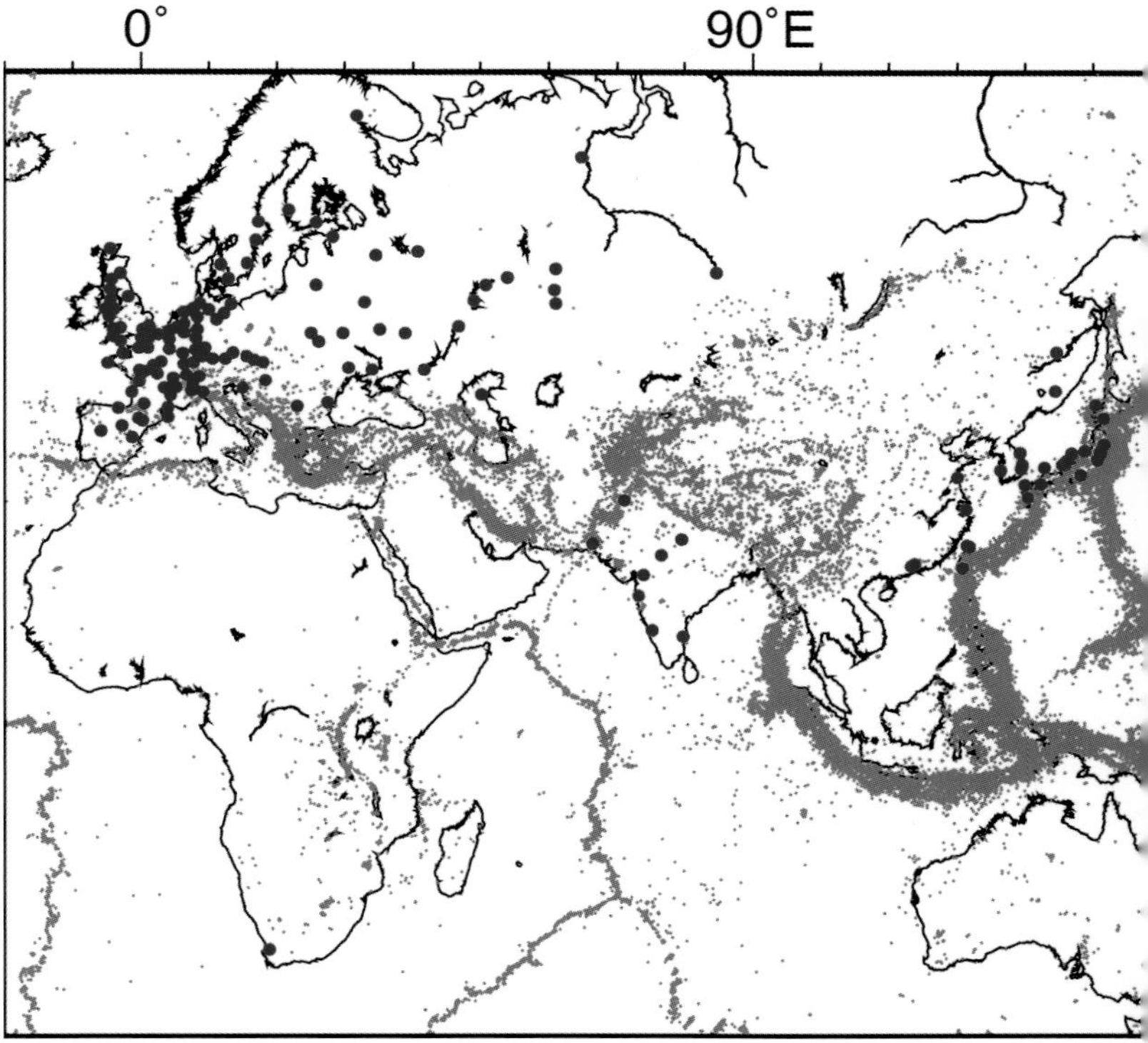

世界の地震と原子力発電所の分布

世界の地震と原子力発電所の分布。グレーの点は、1990 年 1 月 1 日から 2013 年 11 月 30 日までの M 4.0 以上、深さ 40km 以下の地震 15 万 8761 個の震央を、米国地質調査所の PDE と QED によってプロットしたもの（作図：原田智也)。赤丸は, 2010 年 1 月（↗)

まえがき

「神である主は人に命じられた。『あなたは園のどの木からでも思いのまま食べてよい。しかし、善悪の知識の木からは、食べてはならない。その木から食べるとき、あなたは必ず死ぬ。』」（創世記２・16〜17）

本書は、何よりも、日本のキリスト者向けに書いたものですが、日本文明の存続に関心を持つ多くの人々に読んでほしいと思っています。叙述はきわめて古典的な内容です。

キリスト教用語で「日本宣教」と聞くと、普通は祖先崇拝の習俗との葛藤、神道・仏教の宗教伝統の中での宣教の困難さ、宣教四百七十年以上たってもいまだに一パーセントを超えないクリスチャン人口……、こういった内容を思い浮かべる人が多いでしょう。さらに「福島再生」がなぜキリスト教宣教や神学と関係があるのかと問われると、多くの人はしばし考え込んでしまうのではないでしょうか。それは政治経済の問題であって宗教とは直接に関係ないのではないか、と。

それに対して、多分、こういう応え方があるでしょう。二〇一一年三月十一日の東日本大震災の後にキリスト教会はいち早く救援活動に乗り出し、ボランティア活動の最先端にあった。その働きとしても救援や隣人愛の実践、親しい人々を失った悲しみと痛みに寄り添う福音のあり方を提示した。隣人への思いやり、社会的責任としての奉仕（ディアコニア）の活動を思い浮かべるかもしれません。確かにこの方面で書かれた大震災関係の報告書や書物は相当の数にのぼり、被災者の苦難をリアルに描き出し、私たちの信仰の質を揺さぶり、生き方に悔い改めを迫り、教会内外の救援活動にも大きな役割を果たしましたし、今も果たしています。また地震、津波、原発事故、風評被害という四重苦におかれた福島問題は、日本のみならず国際的にも痛みに寄り添おうとする心ある人々の関心を呼び起こしてきました。

良心的な市民だけではありません。政治家も災害対策に今まで以上に力を入れるのみならず、これを国威発揚にも利用しようとすらしました。東京への五輪招致のためです。日本のＰＲの題材として、二〇一三年にわざわざ当時の安倍晋三首相みずからがブエノスアイレスのＩＯＣ総会に出かけました。「二〇二〇年は日本で復興五輪を」と呼びかけ、招致に成功しました。放射能は十分に「アンダー・コントロール」（制御されている）と言ったのでしたが、これは完全に間違いでありました。そして菅政権、岸田政権と変わり、原発問題も風化し事故への対応も不十分なうちに今度は原発再稼動、新増設という方向です。しかしこれは大変に危機的出来事です。危機的という意味は、「日本人のものの考え方」の中に原則がない、規範性がない、行きあたりばったりだ、ということです。

福島県は東日本大震災で大きな痛手を被った三陸沖の宮城県や岩手県と異なって、「復興」の二文字が何年たっても消えません。言うまでもなく、原発事故による放射能汚染という特異な問題のゆえであります。これらのことが宣教や神学のテーマとして問われるべきだ、という主張が本書にはあります。福島の被災の現場の眼から少し距離をおいて、その体験の意味をより多くの人と分かち合うために、鳥瞰図的な形で言葉化していく作業です。

原発の大事故は東電のような大企業が持つ資本主義の抱える問題とも捉えられてきました。しかし人びとの暮らしに電気は欠かせないのですから、国民の問題すなわち私のそしてあなたの問題です。人間が生きていく衣食住に関わる根本的な人間存在の問題であり、存在の根底にある宗教の問題でもあります。しかし諸宗教が抱える霊肉二元論に陥ると、人は霊的になればなるほど身体や社会性を軽んじる傾向が出てくるので、そのような宗教は何の解決にもならない、いやかえって問題を覆い隠してしまうので有害ですらあります。聖書はこれを人間の罪の問題と語ってきたと考えます。

罪、特に冒頭に掲げた聖句にある神の戒めを破った出来事は、西方教会の伝統では「原罪」と呼ばれてきました。その名称はともかく、この聖書の記述の出来事がキリスト教の教えできわめて重要であることは言うまでもないことです。またその解釈も時代とともに変わってきました。本書では一つの新たな解釈を提起します。人間の文化的営みとはそもそもこの原罪（債務）への返済とみなせるのですが、現代日本はそれが不可能つまり債務不履行に陥ってしまっているのではないかということです。これは日本人のキリスト教受容のあり方を転換させるほどの内容です。原発反対という政治的スローガンに、または原発は悪だという単純な思考回路に陥るのでもなく、初心にかえって冷静に、現代文明とその産業構造の中に生きていることの意味を、皆で考え直してみよう、このように願っています。

※執筆については、まえがき、序章、第一章、二章、三章①②、四章を稲垣が、第五章、あとがき、を水山がそして第三章③を二人が担当した。

目　次

序章

地域に密着した教会とは

著者の一人（稲垣）の私的関心から始めます。私は神様にこれまでの教師人生を守られて、大学を完全リタイアできました。そこで第二の人生の始まりに、まず、二〇二二年四月からボランティアで妻と共にいわき市に約八か月間在住しました。温泉でもつかりながら小名浜のうまい魚と阿武隈山系の有名なキノコ・山菜を味わう。これで三十年以上にわたる教師生活の肩の荷を下ろそう、こんな気軽な気持ちでありました。そして、この夢は半分達成されたのですが、同時に重い課題も突きつけられてしまいました。

私の小さな体験は、一地域の抱える課題ではなく日本宣教の課題そのものではないか、こう思うに至りました。それを次世代の日本宣教を担う仲間と分かち合いたい、これが本書が生まれたきっかけです。

私はいわき市内に全部で二十三ほどある諸教会の牧師交流会の面々や、信徒や市民活動家たちと知り合い、いくつかの勉強会に参加させていただきました。地域づくり、地域に密着した教会形成について牧師の方々は試行錯誤の時でありました。いわき市は事故を起こした原発から約四十キロのところにあります。原発立地の双葉郡などから避難してきた被災者も新住民として定着してきて、いわば旧住民との間の軋轢《あつれき》もあるところではありますが、何よりも住民の間の和解を目指して、教会が一つになって地域への証しを立てたいとの意欲が感じられました。牧師交流会が中心になって市民クリスマスも毎年主催してきて、私の出席した二〇二二年四月の牧師交流会では十二月に五十三回目の市民クリスマスを目ざして企画に取り組んでいる時でした。

ところで、このように大きなテーマでは個人の救いから一歩出て、コミュニティ（共同体）形成の意味を問わなければ解決策はなかなかないと感じました。ある教派に属する教会を開拓伝道するというのとも違います。日本のように長い歴史を持った国の風土にキリスト教は新参者であり、伝道と同時にまずはコミュニティ形成の背後に必要な「人と人とを結びつけるモラル」、これが聖書の価値観からどう出てくるのかということです。イエス・キリストの贖いと聖書全体の教えはそのための指針であることを首都圏の生活以上に強く感じました。

私は公共哲学というジャンルを研究し実践してきたのですが、同時に神学にも関心を持ってきました。その過程で、日本での市民社会の形成がきわめて重要な学問的かつ実践的課題であると思ってきました。つまり、教会の関心に引き付けていえば、その地域になぜその教会があるのか、という問いです。何か非常に哲学的語り方をしているように聞こえますが、平たく言えば地域密着型の教会はどうすればできるのか、という問いです。これは聖書的な用語を使えば、神の受肉、信仰の受肉、キリストの体なる教会の形成というテーマであり神学の大きなテーマなのです。

欧米の神学の教科書で勉強すると、こういう問いはなかなか出てきません。欧米の地域ひいては国民国家の成立が、よきにつけ悪しきにつけ、陰に陽に、キリスト教の歴史そのものであるからです。たとえ近現代のキリスト教が世俗化と格闘せざるをえないにしても、欧米には戻る規範性がまだあるからです。しかし日本では十六世紀にキリスト教が伝えられた時から、すでに日本の地域や国が、逆に「鎖国」という形でキリスト教を排除する方向で形成されていきました。

そこで今日でも、地域で教会が浮き上がらないために、地域の人々にどう語り、どう交流していくかは非常に大切です。これは都会型の教会よりも地方の教会にとって死活問題です。にもかかわらずあまり系統だって研究されてきていません。ムラ社会、タテ社会という日本人の地域形成の倫理道徳の壁にぶつかって苦労している、それが地域教会の姿です。明治時代以降に全国に約八千近くできた教会もこの壁につきあたって大きく成長できないでいます。成長というのは量的というよりむしろ質的な意味です。大都市の教会も根っこのところは同じです。「その地域になぜその教会があるのか」という問いかけはこれまで日本のキリスト教が出したことがない問いかけであり、本書はこれに応えるために書かれました。

福島問題とは二〇一一年三月十一日の大震災、津波被害に加えて原発放射能汚染とその風評被害が加わった複合災害のことです。放射能汚染は地域の生業（なりわい）を破壊する、この肌感覚が東京在住者の私に欠けていたことを深く反省させられました。

風評被害は克服が難しく、ある意味できわめて日本的であります。科学的根拠よりも「風」「空気」による被害であり、日本の今日のポピュリズムという政治風土の中心にあるともいえます。民主主義を形成していく世論の基本が「空気」であるとは情けない国民性ではありますが、しかしキリスト教はこの民主主義の根底に神の正義と規範と隣人愛が必要である、そのことを公共圏に発信していく責任があります。

福島第一原発周辺にたまったタンクの放射能汚染水の放出がまもなくなされます。これによる風評被害はまた三陸海岸や浜通りの漁業者の生業破壊につながるでしょう。阿武隈山系のキノコは（科学的根拠によって）百五十年はダメになっているので、これらに従事する農家の生業を破壊しました。原発事故の処理というのは、化学工場が爆発した事故処理のような場合と根本的に違います。半減期何万年という放射能にまつわる問題があるからです。単にリスク管理の甘さというようなレベルで片付けることは絶対にできない、もっと根本的な文明の問題に行きつく、そのことを思い知らされました。

それでも平地の通常農業は、原発立地の双葉郡であっても除染で回復できる地域が徐々に増えてきているのは希望です。神様から託された人間の仕事の基本である[1]「地を耕す」という労働の意味、これを地域密着型の教会は改めて説く必要があります。農福連携なども含めてぜひ期待したいところです。

環境と食と共同体の形成が地域ごとに強くなっていけば、今後の人口減少で国力が衰える日本でも持続可能になっていきます。ここで、特に、福島問題が突きつけたことは自然環境が壊滅的な打撃を受けると、残りの二つも回復に相当の時間がかかるということです。双葉郡に原発十基をなぜ導入しなければならなかったのか。それどころか、いまや日本各地の過疎地に五十基以上もの原発を作っている。しかも核のゴミの捨て場がない。核燃料サイクルもうまくいかない。われわれの国土はいわばトイレのないマンションだ。この大きな問題についてフタをすることはできません。再生可能エネルギー導入とともに、今日、国民一人一人が自分の問題として考えねばなりません。

青森県六ヶ所村近くの野辺地教会の白戸清牧師が、東日本大震災直前にすでに次のように語っています。深く胸に突き刺さります。「全国の諸教会、特に地方の原発から送られてくる電気を受給し消費している、都会にある教会・キリスト者の方々には、これからも電気のある生活を享受しようと願うならば、『原発・核燃問題』は、教会の礼拝、また宣教にとって『二次的問題』なのではなく、むしろ、すべての人間の命に関わる重要な事柄であり、また、この国で神を神として礼拝するとはどういうことか、というきわめて聖書的、また宣教的な課題に関わる事柄の一つであることをぜひ知っていただきたい、と願っている」[2]。

また福島県出身の社会学者の開沼博氏は福島問題の「語りにくさの壁」を三つに整理しています。①福島問題の過剰な政治問題化、②福島問題の過剰な科学問題化、③福島問題のステレオタイプ化&スティグマ（負の烙印）化[3]。どれも避けるべきだということですが、確かにそのとおりでしょう。しかし本書はこれら「語りにくさの壁」がなぜ起こるのかをあえて問います。それは壁の向うに罪、特に人間の「人間としての限界を飛び越えてしまった」という根源的な問題が潜んでいるからだ、ということなのです。そういう意味で政治も科学も、人間の負の側面も話に出てきますが、根本的に神学的アプローチをしています。神学的アプローチとは現代の民衆的問題、例えば政治世界のポピュリズム、グローバルなコロナ惨禍、そして国際社会での核の脅威などなど、これらに人間の罪と悪がどう関わっているかを問題にする、ということです。ただし、ここでの悪は構造化されていて容易に見抜くことができません。

日本宣教の課題

原発も原爆システムも近代科学の最先端の知識と技術が駆使されて生み出された核施設そのものです。しかしはっきり認識しなければならないのは、原発がもはや人の手で制御できる技術ではないということです。ところが、日本という国は古い伝統文化の根付く国であるだけでなく、最も近代的な科学を導入できる国でした。そのために、ここにすさまじいギャップができてしまいました。この「伝統」と「近代」の極端なアンバランス、または和魂洋才と言われてきた精神性が日本という国の存続、さらにキリスト教の側からの日本宣教、これを困難にしているのです。

人権概念の弱いアジア的文化の伝統と習俗だけが宣教の困難さなのではありません。一見、知識の最先端を導入できている近代的合理性もまた宣教を困難にしているのです。この二重の困難さが〝福島問題〟にはっきりと出ているという意味で、福島再生というテーマは、文字どおり「日本という場の宣教の神学」の構築という大きなテーマにならざるを得ません。

ロシアのプーチン大統領のウクライナ侵攻によって始まった二〇二二年、彼はたびたび戦術核の使用をほのめかしています。極東では北朝鮮が核実験を繰り返しそれを運ぶ弾道ミサイル実験をやめません。日本では福島原発事故の処理も使用済み核燃料の行き場もないうちに、原発再稼動や新造設を決めてしまいました。敵対国がこれらを標的にミサイルを撃ち込んできたらひとたまりもありません。「敵基地攻撃能力」（反撃能力）などという観念論を振り回している場合ではないのです。まずは核施設をすべてなくすべきです。そうでないと、日本人は無知と無自覚のまま、再び核エネルギーの脅威にさらされつつ滅びていくかもしれません。遠いウクライナの話ではありません。台湾をめぐる米中の対立の高まりが、いざ戦争となった時に、米国の同盟国としての日本を再び核の脅威が襲う戦場にする可能性すら取りざたされています。

原爆と原発という「核エネルギーの解放」（＝原子力の解放）によって生み出された高度技術は、放射能という人類にきわめて有害な毒物をもたらしました。これまでの人類史にはなかったフェーズに入っている、そのことをもう一度はっきりと自覚する時です。特に地震列島に生きる日本人が他地域に先駆けて警告を発する位置にいます。何万年も消えない放射能汚染の時代のキリスト教宣教は、これまでとは異なる覚悟が問われます。人間文明が終わりに近づいた風景を描写していると言っても過言ではありません。そういう意味で、終末論的にならざるを得ません。しかし、これが逆に、宣教に強力なモチベーションを与えるのです。「天の御国《みくに》は近づいた、悔い改めよ」と。天の御国（神の国）はイエス・キリストによってすでにこの地上に入り込んできているのです。悔い改め、主イエスの愛に生き、主イエスの憤りに聞き、主イエスと共に日々生きる。ですから、われわれのテーマには、日本のみならず、現代のグローバルなキリスト教宣教の神学としての普遍性がそこに現れるでありましょう。いや、現れなければ神学の名に値しません。聖書に基づく神学は、被造世界における個々人と共同体の生活に救済と平安を与え、文明の発達の意味を与えるだけではありません。被造世界の罪と悪が神の警告と裁きの下にあることを明らかにしていく、このような批判的営みを持っていなければならないからです。実際に西洋で神学に意味があったとしたらその点でありました。

本書の内容は目次を見れば明らかですのでここで説明の必要はありません。ただ一つ注意を記しておきたいのは、アブラハム・カイパーによって教理的に詳細に論じられ神学に取り入れられた共通恩恵（gemeene gratie、英語訳は common grace）という概念です。文化の問題、特に日本のようなキリスト教から隔絶してきた文化を神学的に議論する時に欠かせない重要な概念です。日本では長い間「一般恩恵」という翻訳用語が使用されてきました。実は、これはきわめて誤解を招きやすい用語であるだけでなく日本にある他の思想動向との対話を不可能にしてしまいます。[4]文字どおり「共通恩恵」という語を使用すべきです。カイパーにおけるこの「恩恵」概念は救済の意味を含まないで、クリスチャンにもノンクリスチャンにも共通に注がれる神の恵みのことです。「一般恩恵」という用語を使うとカイパーにおいては万人救済という意味合いになるのみならず、思想史的な文脈でプロテスタント陣営が他者との対話不可能になってしまうので注意を要します。[5]

戦後日本人にとって、「ヒロシマ・ナガサキ・ビキニの被ばくの体験」が国民的に平和をつくりだす運動の原点になりました。それに匹敵している出来事がここにあります。地域の教会が公共神学を発信する時代にきている、これが本書を編んだ主な目的です。

本書を書く端緒となったいわき市滞在中に出会った多くの教会関係の方々に、特に住吉英治氏（勿来キリスト福音教会牧師）、森章氏（グローバルミッションチャペル宣教使牧使）、中野覚氏（好間キリストチャペル牧師）、吉岡玲子氏（ヒロシマ・ナガサキ・ビキニ・フクシマを結ぶ『非核の火』を灯す会会員）、大内透氏（放課後デイサービス・株式会社コーシュリー代表取締役）に感謝申し上げます。また石橋克彦氏（神戸大学名誉教授）は本書の口絵の研究誌よりの転載を許可するのみならず、原発所在位置を自ら赤丸で際立たせる作業に労してくださいました。改めて感謝申し上げます。

1　稲垣久和『働くことの哲学――ディーセントワークとは何か』（明石書店、２０１９年）334頁。
2　新教出版社編集部編『原発とキリスト教』（新教コイノーニア26、２０１１年）14頁。
3　秋光信佳・溝口勝編『福島復興知学講義』（東京大学出版会、２０２１年）28頁。
4　カトリック倫理学が共通善（common good）によって支えられていることはよく知られている。ある意味でこれに対応するのがプロテスタントでは共通恩恵（common grace）であり、一般恩恵と訳してしまうと日本でカトリック側の学問論と十分な対話ができない。また共通善には近代社会科学の発展の中でアリストテレス——トマスからずれていくプロセスがありその問題点をプロテスタント側から批判的に検討する際にも訳語が重要になる。ギリシャ哲学的な「善」ではなく聖書的な神の「恩恵」という捉え方が大事である。稲垣久和『宗教と公共哲学』（東京大学出版会、２００４年）163頁以下、Ａ・Ｅ・マクグラス『神の科学』（稲垣・岩田・小野寺訳／教文館、２００５年）156頁参照。なお本書第２章注45も参照。

5 詳細は次の書物の英訳 vol.1.p11 と appendix を参照のこと。Abraham Kuyper, De Gemeene Gratie, 1902, Common Grace, 3vols, Lexham Press, 2015～2020.

第一章　日本の「危機の構造」

1 文化をどう扱うか

現代日本が抱える危機はとてつもなく大きなものになっています。人口減少一つとっても毎年六十万人近くが減少しているというので、いわば鳥取県規模の人口が毎年一つずつ消えている勘定です。このままいけば日本は百年後には五千万人に、二百年後には千三百八十万人に、三百年後には四百五十万人に、そして西暦三〇〇〇年には二千人にまで減るというのです。[1] まさに絶滅危惧種です。政治家が点数稼ぎでやり始めた付け焼刃的な少子化対策など、もう完全に手遅れです。

もっともその手前で日本は破産する可能性もあります。少子高齢化のゆえに医療・福祉関係予算も膨大で毎年度予算が膨らみ、とうとう国の借金が一千兆円を超え続け、減る見込みがありません。もしまともに返済しようとしたら、日本人の貯蓄を踏み倒して返済に充てても間に合いません。そこで外国からの借金に頼る方向を歩み始めました。だから担保となる国土をやがて売り渡す、そういう日も遠くないかもしれません。日本消滅は、こういった人為的・文化的なレベルの日本消滅があります。それに加えて、実は、もっとハードな消滅の可能性すらあるのです。つまり物理的消滅です。

四つの大陸プレート（北米プレート、ユーラシアプレート、太平洋プレート、フィリピン海プレート）の上にある島国日本は大地震、火山噴火もかなり活性化し始めました。だから、自然的国土そのものも沈没する可能性だって決してSFの世界の話ではないのです。いやSFどころか大地震は現実に日本学術会議でも大きなテーマです。それはあれだけの原発事故を起こした日本でなお原発再稼動させる昨今の日本で避けて通れない大問題として浮上しています。学術会議で議論された「高レベル放射性廃棄物（核のゴミ）の最終処分について」という報告書[2]に登場している日本近辺のプレートと地層構造の話です。各原発から、廃棄物として出るプルトニウムのような猛毒性の物質の毒性がなくなるまでに十万年もかかる上、しかもこれを処理する場所がないということです。第二章でこれについて触れます。

東日本大震災による福島県の原発事故、これによってもたらされた物理的・精神的「危機の構造」は、日本の歴史にとってとてつもなく重たいものです。「第二の敗戦」と言っていいほどの危機的出来事なのですが、国民にも政府にもその自覚がありません。クリスチャンにもその危機感が弱すぎる、完全に霊肉二元論に陥っているのではないか、ということが本書を書き始めた動機の一つです。

原発の水素爆発による放射能汚染で、一時、米国は日本在住の米国人に向けて五十マイル（八十キロ）の同心円に入る地域を避難区域に設定しました（ここには約三百人の米国人と二百万人の日本人が居住）。また、東京にあった大使館のうちドイツ、スイス、フィンランドはそれを大阪などに移転させたほどでした（直後にドイツはメルケル首相の指導の下で大きく脱原発に舵を切ったことはよく知られている）[3]。東京圏が放射能の影響による避難区域にならなかったのは事故当時の幸運な偶然の積みかさねに過ぎません。もし東京圏が避難区域になっていれば国民はその危機をもっと深く覚《さと》ったでしょうし、その後の日本の政治経済の仕組みはかなり変えられたでありましょう。

短期間で国を滅ぼしうるものは戦争と原発事故しかない、とも言われています。世界にある全原発の約一三パーセントが日本に、それも世界陸地面積の〇・三パーセントしかない日本の海岸沿いに五十基も林立しているというから危険きわまりありません。二〇一四年に大飯原発の差し止め判決を出した樋口英明元福井地裁裁判長は「原発は根本的には国防問題だ」と述べ、ウクライナに侵攻したロシアがチェルノブイリとザポリージャの原発を攻撃目標にした事実から、日本の今の原発の林立は「日本に向けられた核兵器と同じ」[4]と表現しています。これはまったく大げさでもなんでもありません。実際、出力百万キロワットの大型原発（福島第一、六号機程度）の燃料ウランの一日の燃焼分は広島型原爆三個分つまり一年では千個分以上に相当していると言われていますし、[5]さらにその燃焼の残りかすがプールに膨大な量でたまっているわけです。これらが次々とミサイル攻撃されたらそれで日本は全滅でしょう。ミサイル攻撃を受けなくても、何らかの事故での電源喪失によってプールをも含めて冷却不可能状態がくれば危うい。場合によっては〝日本壊滅〟はあり得ます。

その一方で、「世界原子力産業現状報告」によると、二〇二一年の世界の発電量に占める原子力の割合は九・九パーセントに低下しました。ピークだった一九九六年の一七・五パーセントから大幅に減って過去四十年間で最低の数値でした。逆に再生可能エネルギーは、風力と太陽光だけで世界の発電量の一〇・二パーセントに達し、初めて原子力を上回りました。[6] まさに世界の常識は日本の非常識というわけです。

原発は核エネルギーの利用で、人類文化が二十世紀にたどりついた高度な科学的知識、その中でも相対性理論と量子力学の発見の技術的な応用です。核分裂反応を人為的に造り出したものであり、もともと地球上の自然界では起こり得ないことを人工的に作り出しています。例えば、核エネルギーの解放という意味では太陽が燃えているのと同じ理屈です。もっとも太陽の熱エネルギーの場合は核融合反応ですから、核分裂とは逆の反応ではありますが、原理的に原発と同じエネルギー放出の理屈です。まさか太陽を地上に持ってくるなどという夢物語はそれこそＳＦでしょう。危険きわまりないものです。

本書ではキリスト教の世界観によって「文化」や「文明」の話をします。それによってこそ、困難な日本宣教の突破口が開かれると考えているからです。聖書を創造から終末に至る大きな物語として捉え、その中で人間の文化を位置づけます。聖書は単にイスラエルの歴史とその回復を記した書物ではなく、全人類に向けた回復のメッセージであるはずです。単に心に安心立命感を与える宗教書というレベルの書物ではありません。もちろんそういう面があるのは否定しませんが、そこにとどまっていることはできないのです。それ以上に神の創造と、しかし神の戒めを破って堕落した人間のありようというテーマの語り、これが、大きな意味を占めます。人間は神の前に反逆した存在である、これを容赦なく語っているのは古今東西、聖書という書物しかありません。

ただ聖書は膨大な内容を持った書物であり、聖書解釈学という分野も長く発展してきた分野です。近代科学の方法を聖書解釈に用いる手法もありますが、聖書批評学を含め科学的方法はある限定された仮説的条件のもとに因果関係を重視して結論を出します。ここでの筆者たちの聖書の読み方は、ナラティブとしてその神から人への迫力ある語りかけの意味内容を読み取ります。その解釈学や哲学との詳細な関係については他の書物をご参照ください[7]。

神は「善悪の知識の木からは、食べてはならない。その木から食べるとき、あなたは必ず死ぬ」(創世記2・17)と言われました。しかし人間はその木から食べて堕落したのです。これを西方教会の伝統では「原罪」と呼んできました。それでも、すぐには人間は死にませんでした。むしろ神は「皮の衣を作って彼らに着せ」て(同3・21)保護してくれました。このように神からの「大いなる恵み」によって、人は創造された本来の目的に沿って生き、かつ文化を営むことが許されている存在なのです。

この大いなる恵みを「共通恩恵」(common grace)と呼んで、永遠の命に至る「救済恩恵」(saving grace)ないしは「特別恩恵」とは区別しています[8]。共通恩恵は堕落後に神の力によって働きはじめ罪を抑制し、創造の目的を遂行させようとしています。

クリスチャンは神の恵みと言うとき、普通は「救済恩恵」の方を指しています。しかし、人間の文化や文明の発展に焦点をあてて聖書的な世界観を語るときに、共通恩恵はきわめて大事な概念です。この恩恵には全人類が浴しているからです。高度な科学や技術・芸術など人類の文化と学問の発展の原動力となり文化形勢力となっているものです。

ただし、人が「神のようになる」(同3・22) ことを禁じた戒めがありました。その戒めを破った「原罪」のすさまじさのゆえに、人間の文化と社会に悪が入り込む危険性が絶えず付きまとっています。いや、悪が絶えず人間存在を脅かしているのが歴史の現実です。そして聖書による世界観は、最終的にはキリストの再臨によって人類が裁かれる、こういう大きな物語を告げています。ここで共通恩恵はその役割を終え、救済恩恵と融合します。

二十世紀の科学技術の発展の頂点に核エネルギーの発見がありました。これもまぎれもなく神から与えられた科学の成果、共通恩恵でありました。ところが人為的な「核エネルギーの解放」は人類を幸せにしたのか、それとも不幸にしたのか、こういう問題が出てきているのです。神の恩恵とは何なのか。日本における今後の日本宣教はどうしたらいいのか。本書が書かれた目的はそこにあります。

今日では諸科学が高度に発展し、純粋に神学的な記述はありえず、自然科学や社会科学との対話の中で議論が進められます。人間の罪の出方も文明の発展の中で複雑化し構造化されています。特に近代経済学の発展の中で功利主義倫理が台頭し善悪の基準をシフトさせ、「善とは快楽」、そして「善とは自己利益の追求」という具合に変化させてきました。同時に悪も「構造化」されてしまっていて、「悪の凡庸さ」がいたるところに存在する時代になっています。従来の神学に対してあえて公共神学という名称で考える必要が出てきています（第四章参照）。

そもそもなぜ福島県に、特に浜通りと言われた海岸沿いに原発を十基も造ることになったのでしょうか。その理由はきわめて単純で、二百キロ以上離れた東京に電気を送るためでした。あとで述べますが、日本の近代化を中央集権的に進めた結果です。この原発問題は他の地域もそうですが、都市圏に電気を送る過疎地が選択されていて最初から人為的・差別的なのです。福島県浜通り双葉郡の場合、出稼ぎを除いてこれといった産業を持たなかったことによる、とされています。しかし、この言い方は多分に検証を要します。東京で電気が必要であれば東京近辺で電気を生産すべきでした。日本近代化はそのスタートから地域格差をもって始まってしまいました。そして、確かに、現代文明は電気エネルギーなくして成り立ちえないのも事実であります。そしてもし原発をやめたいならば、それ以外の電気エネルギーを手に入れる方法を皆で考えるべきです。

2　「核エネルギーの解放」とは

既に述べたように神学は個々人の魂の救済と同時に、広い意味での文明の問題を扱います。またそうでなければ西洋で諸科学と戦いつつ長い歴史を持った学問として成立してこなかったでしょう。またキリスト教信仰も、世にあまたある新興宗教と大差ないレベルのご利益宗教で終わっていたことでしょう。

人間文明の特徴の一つは、古来、他の動物にはない火を使う文化を築いてきたことです。火のエネルギーを蒸気のエネルギーに変えて産業を発展させたのが十八世紀の産業革命でした。石炭そして石油、天然ガスといった化石燃料の火力は今でも重要です。しかしながら、十九世紀前半のマイケル・ファラデイーの電磁誘導の法則の発見が大きく人類文化を現代的にしました。それ以来、電気を人為的に造るつまり発電技術が発達して今や電気が文明を導いているエネルギー源となっています。われわれに身近な自動車ですら石油ではなく電気で走る時代になっています。発電とは火力を蒸気力に変えこの動力でタービンを回転させ電気を起こすのでした。その火力のなかに新たに原子力が加わったのが二十世紀後半のことです。そしてその発電も、動力を使わず、直接に太陽光や風力など自然再生エネルギーを利用するようになったのが二十一世紀であります。

少し頭の体操も含めて物理学の基礎の話をしましょう。まずは力という概念です。風力や水力は言うに及ばず、ニュートンの万有引力つまり重力は小学生でも知っていますね。実は、人類がこれまでに知り得た力の種類は基本的なレベルで、つまり素粒子レベルで四つしかありません。以下はそのレベルの話です。

人類史の中で電磁気の力や重力の力は二十世紀になるまでに知られていました。それ以外に強力な力が二十世紀初頭に発見されました。これが原子よりも小さいその中心にある原子核内部の力つまり核力でありました。核力には強い力と弱い力がありますが、いま重要なのは強い力の方です。原子核は陽子と中性子で構成されていることはご存じでしょう。ただ陽子が原子核内部の一か所に何十個も集まったら、陽子自身の持っているプラスの電気の反発力でバラバラになりそうなものです。だがそれらがギュッと一か所に固まって原子核をつくるには電気力よりもずっと強い力で引き寄せられていなければなりません。ところがこの強い核力は重力や電気力のように長い間、人々の日常生活に顔を出しませんでした。

物質の単位は化学の教科書に出てくる周期律表でおなじみの原子です。それは中心に原子核があってその周りを電子がまわっている構造ですね。そもそも、原子核の大きさは、原子のまた十万分の一（百メートルの巨大風船の中にたった一粒の真珠を置いたくらいの比率）です。この超ミクロの世界の原子核が日常生活に出てくるはずがないでしょう。日常の物質変化はほとんどが化学反応で知られているように原子の外を回っている電子が役割を果たしていて、原子核の内部はいっさい関係していません。原子核のレベルの世界は、ようやく二十世紀に入ってからの物理学がその仕組みを解明していきました。

まず有名なレントゲンやキュリー夫妻らの十九世紀末の放射線の発見が先駆的です。そして二十世紀に入ってすぐに量子力学や相対性理論の発見、これで徐々に人類の知識の中に組み入れられてきました。

そして原発に関係する核力のパワーの端緒となったのが、何よりも一九三八年の核分裂という現象の発見です。自然界にあった最も重い原子であるウランに中性子を照射するという実験をやったベルリンのカイザー・ヴィルヘルム研究所のハーンとシュトラスマンが、ウラン原子核がほぼ真っ二つに壊れることを発見したのです。その時にこれまでの水準と異なるとてつもないエネルギーが解放されます（理論的には一九〇五年のアインシュタインの相対性理論で予測されていた）。もちろん、たった一個のウラン原子核の分裂ではそれきりですが、この分裂の時にまた別の中性子が複数放出されることを利用して、いわば近辺の多数の同種原子核が次々とネズミ算式に分裂していくことも分かりました。そこで濃縮したウランをうまく連鎖反応させれば、きっと爆弾が作れるということに科学者たちは気が付きました。

重要なことは、このエネルギー解放の発見は地球上の自然界の現象としてはありえなかったということです。人間があえて中性子という弾丸を人工的に打ち込んだために発見されたのでした（一グラムのウランが全て核分裂した場合に発生する核エネルギー〈原子力〉は同じ一グラムの化石燃料のエネルギーの約百万倍である！）。

ところが一九三八年という年は人類の歴史にとってきわめて重要でした。不幸なことに、戦争の時代だったからです。すでにヨーロッパではドイツでヒトラーが政権を取り（一九三三年）、ユダヤ人排斥が始まり、ポーランドに侵攻したのが一九三九年九月一日でありました。日本はその前の一九三一年に満州事変を起こしています。だから第二次大戦前夜、この研究に関わった科学者たちが、このとてつもない核エネルギーの解放を一挙に爆弾に応用できると直感したとしても無理はありません。特にドイツ以外の科学者たちには「ヒトラーが先にこの爆弾を開発したら大変なことになる」という恐れがあったのです。事実、ユダヤ人としてヒトラーによってドイツを追われた科学者たちは、すでに米国に亡命していたアインシュタインを動かしてルーズベルト大統領にこれを進言しました。一九三九年九月末のことでした。原爆製造の計画はここからスタートしたのです。

核エネルギーの解放が「人類史においてとてつもないレベル」であるとはどういうことでしょうか。アインシュタインに興味を持つ人は、俗にいう$E=mc^2$という数式を思い浮かべるもしれません。mは物体の質量、cは光の速度です。子どもでも興味を持つクイズではありませんが「世の中で一番早いもの」といえば光です。一秒間に地球を七周り半というから想像を絶します。それが二乗されてエネルギーに転換されますから、確かにすさまじいレベルのエネルギーになるわけです。この$E=mc^2$という有名な数式は、一九〇五年にアインシュタインの発見した相対性理論から導かれる数式なのです。二十世紀物理学のスタートはこの相対性理論と、もう一つ量子力学でありました。量子力学は言うまでもないことですが、ニュートン力学と異なり、超ミクロの世界を表現する力学です。原子や原子核の世界になって初めて有用性を発揮します。

光の正体はフォトン（光子）と呼ばれる素粒子ですから、相対性理論と同時に量子力学でこそ正確に扱えます。原子核からγ線つまり波長の短い光が飛び出してくることからも明らかなように、原子核分裂は相対性理論の支配する領域なのです。ちなみに放射能の危険性として知られているのはγ線以外にβ線（この正体は電子）、α線（この正体はヘリウムの原子核）や核分裂に伴って生成される各種放射性元素などがあります。こうして放射能を伴った核エネルギーの解放は十九世紀以前には知られなかったレベルのエネルギーの解放につながってしまったのです。とにかく光の速度の二乗という係数がかかるのですから、すさまじい大きさのエネルギーになるわけです。[9] しかも放射能と人間は共存できません。放射能は、四十六億年前にできたといわれる地球で、人間が登場する頃までにはすでに生命に安全なレベルにまで落ちていました。これが神が創造した世界は「非常に良かった」（創世記1・31）と言われた理由でしょう。

この方面を専門にしていた科学者たちには、すぐこの核エネルギーの解放の危険性が理解されました。しかし素人であった政治家たちにそんなことが分かるわけがありません。だから核エネルギーの解放を爆弾として国家間の戦争の武器にすることは、平和な時にはすぐに思い至らなかったでしょう。しかし不幸なことに第二次大戦前夜だったことが、人類史において分かれ目であったのかもしれません。いずれにせよ、人間の知恵と善悪の判断とが微妙に絡んだ大きな人類史の出来事であったわけです。いま私たちはその後始末をつけることを余儀なくされています。

ここでオッペンハイマーという人物が登場します。後ほど詳述しますが、オッペンハイマーは「原爆の父」と呼ばれました。一九三九年のルーズベルト大統領の指令により、やがてマンハッタン計画という原爆製造のプロジェクトが立ち上がり、この計画を〝成功〟に導いたのがこの人です。わずか三年あまりで爆弾製造にこぎつけたのは、やはり、彼のもっていた科学者としての総合的資質でありましょう。しかしここでは特に、彼の抱えた倫理的葛藤に注目したく思っています。

私たちはいま神学に関心があるのですが、ここに現代科学の知識が複雑に絡み合ってくるのは避けられません。「原罪」などを神学の教科書で勉強しても単なるおとぎばなしとしかとれないでしょう。その上、現代神学そのものが近代啓蒙主義の延長上に原罪などないという人間論に影響されました。しかしその後にナチズムや核兵器を体験して、ようやく人々は人間の悪の深みに目覚めつつあるというのが現状です。

キリスト教神学とは単独でなされる学問領域ではなく人間の他領域と絡み合いながら発展してきた学問なのです。これまでもそうでした。ところが日本人は、西欧でのキリスト教神学を教科書を通して輸入するだけで自ら神学をすることがあまりに少なかったのです。日本宣教が進展しないことの理由もここにあります。

しかし原発事故による福島問題を自ら解決しようとしたら、この自ら神学するという点は絶対に避けられないのです。神学は罪や悪を問題にしますが、人間の罪や悪の出方は時代と文化状況で変わります。原発事故はどのような状況で起こったのか、これをきちんと理解する必要があります。そして、人間とその生活を大量の死と破滅に追いやる罪や悪は、今日の日本で、核エネルギーの解放の問題と切り離せないのです。本書で示したいのは聖書の語る「原罪」のリアリズムです。もしこれを原爆や原発と関係づけて理解できないとしたら日本でのキリスト教神学は今後も輸入レベル以上にはいかないでしょう。

日本国民が歴史上でキリスト教と本気で向きあう機会があったとすれば、それは原爆を落とされて敗戦を味わった直後でした。その敗戦の根源に「過ちを認める」という高度に精神的な営みをしていれば、原発事故は避けられたと思われます。しかし、「過ちと罪」を水に流すという伝統的な思想性のゆえにその機会を逸しました。もし、今回またほぼ同じ過ちが繰り返されていることを覚らないならば、この「第二の敗戦」とともに日本はもはや再起不能に陥ると思われます。

3　原発事故—自然災害か人災か

原発が事故を起こすとどうなるか、かつて原子力関係の実験化学者でその後に市民科学者に転じ、この方面で警鐘を鳴らし続けていたのが高木仁三郎でした。彼は福島事故の十一年前に亡くなったのですが、放射線被ばくによる死者を出したチェルノブイリ事故（一九八六年）、東海村ＪＣＯ臨界事故（一九九九年）などについては詳しい背景の説明を市民に分かりやすくしたものでした。以下もその一つです。

原子力発電所で大きな事故があるとすぐ問題になるのは放射能漏れです。原子力発電所では非常に大量の死の灰、放射能がたまっていく。だいたい、原子力発電所を一年間運転すると百万キロワット級の標準的な原子炉だと、二千億人の致死量に当たるぐらいの放射能が出る。……こういうのをためたまま、高温高圧で運転しなくちゃならない。それが原子力発電所です。[10]

ですから、事故を起こした時の悲惨さはわれわれの想像を超えているということです。

そもそも原発は事故や地震の際に「止める」「冷やす」「閉じ込める」、この三つができなければ安全ではありません。福島事故は「止める」ことはできたのですが後の二つに失敗しました。「冷やす」というのは、もし百万キロワット級の原発であれば、毎秒十トン以上の冷却水を原子炉内部に送らないと空だきに状態になって炉心溶融（メルトダウン）を起こすということです。それだけでなく外部に取り出した使用済み核燃料も「冷やす」必要があります。もしこれをプールに保管して冷やしておかないと、温度が上昇して熱で壊れてしまい燃料を覆っているジルコニウム合金製の被覆管が壊れて水蒸気と反応して水素が発生し、水素爆発を起こす恐れがあるからです。これだけ見ても、原発はその仕組みにあまりに高度な知識を要求する割には、それを支えている技術が実におそまつきわまりないという印象を持たざるを得ません。

地震・津波は自然災害です。しかし原発事故は決して「想定外」のことではありませんでした。

それはリスク管理の甘さによって引き起こされました。三陸海岸沖はもともと大小の地震の巣窟でありましたし、大津波の被害の可能性としては、前もって千年前の貞観大地震を想定したシミュレーションがあったからです。そこで津波の高さ一五・七メートルという数字がすでに計算で出ていました（二〇〇二年、二〇〇八年）[11]。

しかし東電幹部はこれへの対策を「先送り」し続けてきました。二〇一一年三月十一日午後二時四十六分の地震による津波が押し寄せた時、以下のようにして冷却水電源が停止しました。

まず、午後三時三十五分ごろ、最大の津波が襲来しました。津波の高さは約十三メートルもあり、主要建屋（敷地高さ十メートル）のほぼ全域が浸水しました。建屋の出入り口、非常用ディーゼル発電機の給気用空気の取り入れ口などから、建屋内部に大量の海水が流れ込んで地下にあった非常用ディーゼル発電機や電源盤は水没し、午後三時三十七分、すべての交流電源が止まりました。モーターを使って原子炉に注水したり、冷却したりする設備が使えなくなったのです。また、中央制御室で計測機器は原子炉の圧力、水位、温度などの値を示さなくなり、炉内の様子が分からなくなりました。中央制御室や建屋内部は照明が消えて真っ暗になり、通信手段も多くが使えない状態になりました。地震から約二時間後の午後四時三十六分、東電は原子炉を冷やせなくなったと判断したのです。

翌日午後三時三十六分、まず一号機が爆発し、そこから複雑な経過をたどって次々と四号機まで建屋の水蒸気爆発を起こすに至り、放射能が環境に大量に放出されました。したがってこの点を見ただけでも企業内での想定されるリスク管理のずさんさがあったのです。明らかに人的災害です。しかも三月十一日の地震津波当日の四日前にも、東電担当者は貞観大地震級の場合に十五・七メートルの津波が来ることの危険性を会議で話し合い、それを会議録の中に残していたことも判明しています[12]。

さらに原発の問題点は事故を起こさなくても、平時の際ですら、定期点検などで原子炉格納容器内部に入って作業する際には、その構造上不可避に大量の被ばくをしている現実があります。これら作業に当たるのは大手メーカー社員ではなくて下請けのまたその下請けの労働者であり、ほとんど報道はされませんが多くの致死的な労働災害が発生しています[13]。いったん事故を起こせばこの危機は倍増するわけです。福島事故はこれらの社会悪を白日のもとにさらした歴史的な出来事であった、そのことに国民は注意すべきなのです。

放射能の未曾有の環境への放出は、人々の生活にどのように影響したのでしょうか。

楢葉町・早川篤雄氏の場合

福島第一原発の水素爆発事故のあと、半径三十キロ以内は避難相当区域になりました。避難区域の指定も後手後手にまわった迷走の結果であり、多々問題を残したものの一つです。双葉郡楢葉町は事故を起こした原発から南に約二十キロのところにあります。同町大谷地区にある鎌倉時代からの宝鏡寺（浄土宗）住職・早川篤雄氏（一九三九年～二〇二二年）は原発立地の場所について次のように言います。

「浜通りの真ん中にはまる双葉郡六町二村というのは、阿武隈高地が太平洋にせり出ていて、山林面積が多く、耕地面積が少ない。だから経済的には浜通りのなかでも一番貧しく、人口密度も低い。南のいわき市や北の相馬市の生活水準に比べると二分の一から三分の一の生活水準の地帯だ」[14]と。ここを先祖伝来から継いだ早川氏はさらに言います。「大谷地区にある百戸は、ほとんどが宝境寺の檀家で、ほとんどが水呑み百姓だった。それでも自給自足で生活できていた。それが、高度経済成長の時期に置いてきぼりになった。一九六〇年代頃は高度経済成長が始まって、そのために双葉郡や、福島県でも山間地辺りの人々がどんどん京浜工業地帯に引っ張られる。中学校を卒業して高校に進学するのは一〇パーセント前後で、あとは全部『金の卵』ともてはやされ都市部に引っ張り出される。その結果、この地帯は貧しい上に、さらに出稼ぎしなければ食えない時代になった」[15]。これらの概観となる証言は、今回の〝福島復興〟の大前提となる中心的な問題点です。

「さらに出稼ぎしなければ食えない時代になった」という言い方で注意しなければならないことが一つあります。一家の支え手が出稼ぎに出ずに、家族が共に住めるようになるためには地域に雇用を生み出すことが必要です。それが安全性に疑義のある原発産業であっても、もし官民複合の「原発マネー」（電源三法等）が保障されれば多くの住民の心は動く、という現実です。日本各地の原発立地地域で福島事故のあともなお原発を無くせない理由の一つとなっています。地産地消の地域起こしがいかに大切か、今後の人口減少の日本でもきわめて重要な国民的課題です。

さらに早川氏は、一九六一年に公布された原子力損害賠償法（原賠法）についてこう言います。「大型原発で事故があった場合には国家予算の二倍もかかるという部分を秘密にしておいて、原子力損害賠償法ができた。原子力損害賠償法というのは、原子炉で大型事故があったときに、その地域やその地域の人々を完全に救済しますとは書いていないんです。そこが大問題なんです」[16]、と。また一九六八年に福島第二原発建造を発表した時の国土計画協会の作った「開発ビジョン」にはこうあります。「周辺地域に大都市がなく、人口密度の低い地域であること」[17]。こういう立地の条件を課す理由は、もちろん重大事故があることを想定しているからです。そうである以上は、最初から、いくら東京で使用する電力であっても人口密集地の東京湾岸に十基の原発を並べて建造することは絶対にあり得ないわけです。戦後の日本近代化の方向の構図が透けて見えます。

早川篤男氏は地元で寺の長男として生まれ、大正大学を卒業しても、寺だけでは生活できないということで、すぐには寺を継がず高校の教師をしていました。第一原発が稼働を始めた一九七一年もその職に就いていました。「二〇〇〇年に定年退職してからは百姓仕事に精を出した。二〇〇四年からは自ら障がい者施設に関わるようになった。一町四反歩の田んぼの他に、三反歩を借りて野菜を作っていた。小麦も作ったし、ニンニクもタマネギも、ジャガイモもサツマイモも、ここでできるものは何でもやっていた。（それが事故後に）全部できなくなっちゃった」[18]。今日の日本には専業農家というのはほんの一握りしかありません。大半は半農半業の兼業農家です。

実は、早川氏の場合、教師ということもあって比較的時間的余裕があったといいます。早くから原発の危険性に気づき、すでに一九七五年一月に楢葉町と富岡町の境にある福島第二原発が稼働する前に「設置許可取消請求訴訟」を浜通りの住民四百四人と一緒に起こしていました（この訴訟は最高裁までいったが敗訴した）[19]。二〇一一年の事故後に避難先で絶望から自殺者が何人も出ました。十一年たって除染が済んである程度生活できるレベルになっても双葉郡全体での帰還率は二〇パーセント以下、ほとんど高齢者です。除染はもう行われないので、今後も人口がこれ以上増える見込みは移住者増加以外にありません。地域が元に戻ることはもうないのです。早川氏は「二〇一一年三月、ついに事故が起こってしまった」とやり場のない怒りを以下のように吐露しています。

双葉郡の町村の取り込み方は、原発事故後も一貫しているよね。原発を建設したときの取り込み方と同じことが、「復興」の進め方にも見えている。原発を設置するのには、飢える民をつくる飢民政策、運転開始後は「安全神話」と札束での愚民政策。想定どおりの事故が起こった後は棄民政策。大事故後に原発を再稼動するのも人を馬鹿にする愚民政策[20]。……法律の本を読むと難しいことが書いてあるけど、結局のところ、事故が起こったらそこは捨てるということ。僕らの避難者訴訟でも、原子力損害賠償法が問題になっている。この法律があるから東京電力は過失がなくても責任を負い、法律にしたがって賠償するから責任は問われない。責任が問われないなんて、そこが問題でしょ。全部、うやむやでしょ。二重三重のごまかしですよ。[21]

ただし、ここで東電側の責任ということで一言付け加えます。確かにその後のいくつかの訴訟でも裁判判決としては原告無罪が出ていますが、しかし民事裁判では損害賠償額十三兆円を東電元経営陣四人に課すという判決が二〇二二年に出ました。[22]しかしこんなとてつもない額を個人に課すこと自体、想像を絶しているのではないでしょうか。改めてわれわれ国民が「いったい何が問われているのか」、問われている内容は法律の範囲を超えていて、その重大さに気づくべき時でしょう。

早川氏は仏教者であり、その義憤と社会活動の根拠は仏教の教えにあります。四諦八正道と述べていますが、四諦とは苦諦、集諦、滅諦、道諦のこと。そして「八正道には物事を正しく見る『正見』、『正思』『正語』『正行』『正命』『正精進』『正念』『正定』と全部『正しい』がついている。見ることも考えることも言うことも、『正しく』なくちゃならん[23]」と。

早川氏は先祖代々の土地を追われましたが、原発事故後四年目に自宅に戻れました。[24]楢葉町は原発の南に位置しています。

次は、原発の北西に位置していて楢葉町と同じほどの距離にある浪江町の事例です。ここで美容室と居酒屋を経営していた菅野信雄氏（事故時に五十歳半ば）の場合は、福島市内に避難し五年間の仮設暮らしを強いられました。事故当時の風向きで浪江町は放射線量がより高く、結局、除染もした自宅には戻れずにこれを取り壊さざるを得なかったのです。母親の介護、自身の狭心症・胆道ガンの病気等の理由で福島市内に定住の選択をしました。家業を断念し基礎年金と補償で生計を立てています。こう述べています。

補償といえば、思い出すのは、仮設に入っていたとき、散歩で出会った地域のおばあさんと話をして、浪江町から来ましたと言ったとき、「よかったね。たくさん補償金がもらえて」と言われた言葉にカチンときたことです。「おばあちゃん、故郷を追いだされて家族もバラバラになって、補償のお金をもらって満足できますか」って言ったら、その人はそれ以上言葉を返してこなかった。世間はそんなものかもしれない。そのやりとりはいまでも深く心に残っています。[25]

原発被災は避難した無数の人々の日常を変え心に傷を残したのです。福島原発事故当時の避難民は十六万人と言われましたが、より包括的な統計があります。双葉郡の全住民のその後の実態調査です。多くの研究者による住民実態調査が行われていますが、その中で丹波史紀氏（立命館大学教授）の「三度にわたる双葉郡住民実態調査」は八町村の二万八千近くの全所帯からの包括的なアンケート調査（回収率四八～三〇パーセント）で特筆に値します。[26]八町村に対し二〇一一年九月、二〇一七年二月、二〇二一年十二月の三度にわたるもので、被災者のうち各地に定住して地元に戻らない人たち、戻った人たちの十年間の意識の変化が読み取れて興味深いものです。要約すると以下のようです。

・第一回目の調査結果であきらかになった①広域避難、②家族離散、③長期避難、の特徴がその後も影響しています。
・震災後の世帯分離が解消されないで、そのまま進行しています。
・二〇一七年時点(第二回双葉郡住民実態調査)においても、生産年齢人口(十五歳〜六十四歳)の二〜三割が「無職」の状態にありました。これは二〇二一年末に行った第三回目の調査でも同様の傾向が確認されました。すでにほとんどの被災者が東京電力の賠償金を受け取ってはおらず、今後の生活再建に課題を残しています。
・住居については、長期避難を余儀なくされた地域ほど、避難先で新たに住宅を再建した割合が高い(五〜六割)。
・将来への希望や生活の不安は、押しなべて高い割合で「悪い」・「不安」と回答する割合が高いが、地元に「戻らない」と回答した人の方が、精神的健康度は相対的に良好とする割合が若干高かった(若い世代ほど「帰らない」と回答している割合が高いことも要因となっていますが)。

・逆に言えば、帰還意思のある人も、帰った後の生活や将来設計などについて不安を抱えている場合が多く、ここへの対応をどうするかが課題です。
・一方で、「地元」への愛着は高く、避難先に依然としてとどまっている人たちも含め、定住者だけではなく、「関係人口」を増やすような取り組みが求められます。
・また、廃炉や中間貯蔵施設や廃棄物処理施設の安全な対応について、不安をもっている者が約半数存在しているとのことです。

放射能汚染水の海洋投棄

そしていまだ大きな問題が、事故後の原発敷地内のタンクにたまった放射能汚染水の海洋投棄の問題です。地下水の流入を防ぐための凍土壁を作りこの維持費だけでも年間二十億円もかかっている上に、工事中に二人が感電や落下で殉職しています。政治的決断を先送りしているうちにすでに十二年が経ってしまいました。事故当時の特命担当大臣・細野豪志氏との対談で初代原子力委員会委員長・田中俊一氏は次のように証言しています。「政治的決断が必要な局面は、とうに過ぎてしまっているんです。それをズルズルと先延ばしにして、無用な社会の混乱と浪費を招いているとしか思えない。タンクも一基につき一億円を超えるコストがかかっていますが、いずれは全て廃棄物になるんですから」[27]。

放射能汚染水はALPSという装置によって放射能の危険度は処理されていると言われています。そうではあっても、農作物と同様の〝風評被害〟という問題が再び懸念されています。漁協や関係市民団体は決して十分に納得していません。魚介類の漁を生業とする漁業者は、「常磐もの」と言われた新鮮な海の幸が自慢で仕事に精を出してきました。二〇二二年八月二十五日に東電から漁協への回答が五項目にわたってなされました。その四番目で「検証等の結果については、漁業者をはじめ、関係者への丁寧な説明等必要な取組を行うこととしており、こうしたプロセスや関係者の理解なしには、いかなる処分も行わず、多核種除去設備で処理した水は発電所敷地内のタンクに貯留いたします」と回答しています。

ある市民グループはタンク内貯蔵の後に陸上で処分するという代替案も出しています。[28] 汚染水をセメントと砂でモルタル固定化し、半地下の状態で永久処分する。これは汚染水防護壁のコンクリート壁としても使用可能だと安斎育郎博士は述べています。すでにアメリカの核施設で安定的で水もれのリスクがないとの実績がある技術だということです。もしトリチウムをはじめ放射性物質を人体に安全なレベルにまで希釈処理している、というのであれば陸上で問題はないでしょう。

東電は「増え続ける貯水タンクの敷地がなくなる」として海洋放出するといっていますが、福島県沖の太平洋岸はそもそも誰の所有なのか。海は何よりも人間にとって生命体の宝庫でしょう。プランクトンからクジラまで何重にもわたる食物連鎖があり、生体内での濃縮もあると言われています。海とは地球人類全体のものではないか。まさに「社会的共通資本[29]」の最たるものではないでしょうか。

先述したように日本列島の成り立ちから考えて、地震や火山活動が世界的にも特に活発な地域であるからこそ、どんなにリスク管理しても事故は起こり得るのです。戦争が勃発して、五十基以上もある原発に意図的にミサイルを打ち込まれる可能性だってなくはないのです。それだけではありません。原発に使う燃料棒や制御棒の放射性廃棄物と化した残骸をどうするのか。いわゆる核のゴミです。これらを投棄できる場所があるのでしょうか。トイレのないマンションにたとえられているとおりです。

北欧のように地下深くに強固な岩盤層があって、穴を掘って十万年保存できる、ということであればまだ納得できないわけではありません。しかしそんな準備もないまま「行け行けドンドン」とばかりに突っ走る。戦争時、一九四一年十二月の政策遂行と同じです。つまり圧倒的力の差があることを知りながら米英との戦争に突入した時とまったく同じ、ただの〝精神主義〟です。和魂洋才の弱点です。アニミズムの日本思想には本当の意味で受肉した思想性がない、つまり肉体と精神のバランスの取れた人間を意味づける思想性がないのです。とにかくいったん事故が起これば取り返しのつかない環境破壊が起こります。そのことは今回の福島問題から明らかになったことです。そうであるならば原発に対する態度は二つに一つしかないのです。

今後、まったく原発を無くしていく方向か、またはそうでないか。もし原発を日本列島から無くさない、つまりこれを使い続けるならば、日本人はこれまでにない精神的覚悟が必要です。歴史上に日本人が現れて以来、そんな覚悟はついぞできなかったほどの覚悟です。その精神的覚悟とは「過酷な原発事故が起きれば日本列島の文明はそこで終わりを迎えるのだ」という覚悟です。どういうことでしょうか。つまりいわば終末論を含んだ思想のもとに生きる覚悟です。それができないならば、原発はただちに廃棄すべきです。これが第二章で詳述するように、日本での原発問題が神学のテーマとならざるを得ない理由なのです。キリスト教宣教だけがこの覚悟を与えるでありましょう。すなわち日本のキリスト者はここで本格的に日本という文脈に独自の神学的課題、時代と文脈は異なるとはいえ、かつて内村鑑三が『後世への最大遺物』という一般向けの名著を生み出した時のように、周囲に働きかける大きな宣教的テーマを抱えたということです。

国民世論も昨年までの過半数反対から、二〇二二年後半になってエネルギー、燃料危機から原発再稼動ありきに過半数賛成という変化を示してきました。この国はいったいどういう方向に向かて突っ走っているのでしょうか。いまこそクリスチャンが日本救国のために霊的に覚醒すべき時ではないでしょうか。

1　河合雅司『未来の年表』（講談社現代新書、2017年）7頁。

2　今田高俊他著『高レベル放射性廃棄物の最終処分について』（公益財団法人・日本学術協力財団、

２０１４年）。

3　なおドイツの政策転換の背後にはカトリックとプロテスタント両教会の脱原発への取り組みも影響した。木村護郎クリストフ「被造物への責任から――ドイツの教会は原子力とどのようにむきあってきたのか」新教出版社編集部編『原発とキリスト教』136頁。

4　「ジャーナリズム」２０２３年2月号（朝日新聞社）４～11頁。

5　佐高信・中里英章編『高木仁三郎セレクション』（岩波現代文庫、２０１２年）78頁。

6　「ジャーナリズム」31頁。

7　稲垣久和『知と信の構造』（ヨルダン社、１９９３年）、『哲学的神学と現代』（ヨルダン社、１９９７年）、『公共の哲学の構築をめざして』（教文館、２００１年）。

8　共通恩恵については本書第2章４参照

9　より正確に言うと、質量ｍのｍはウランの原子核の質量ではなく、ウランがほぼ二つに割れた時に生じる質量欠損を意味している。ウラン核を一か所に玉のようにまとめている核力と、それがほぼ半分に割れた時の二つの玉の核の核力の間には差があり、後者の核力の方が少なくてよい。だからそのミクロの世界の核力の結合エネルギーの差が連鎖反応を通してマクロの世界に熱エネルギーとして放出される。

10　佐高信・中里英章編『高木仁三郎セレクション』235頁。

11　添田孝史『東電原発事故　10年で明らかになったこと』（平凡社新書、２０２１年）参照。

12 同書、147頁。実は、津波の来る前に「地震動」ですでにメルトダウンを起こしていた可能性も指摘されている。木村俊雄「福島第一原発は津波の前に壊れた」(「文藝春秋」、2019年9月号)170頁。

13 『いのちを奪う原発』(真宗大谷派宗務所出版部、2002年)。本書は下請け労働者の過酷な実態をいくつか記している。「あの広島・長崎によって被爆者手帳を交付されている人々は現在29万人であるが、この国に原発が稼働し始めて35年、原発の中で被曝した労働者の数は、もうすでに35万人を数える。世界で唯一の被爆国日本の中で増え続ける、おびただしい数の被曝者たち。彼らの死は、その氷山のほんの一角である。そんな事実をひた隠しにしながら、「核の平和利用」という国策の原子力政策は推進されてきた」(5頁)。

14 早川篤雄氏証言「むら人たちは眠れない――早川篤雄と原発の同時代史」(立教大学社会学部関礼子研究室発行、科研費基盤研究C、2018年)52頁。8町村とは広野町、楢葉町、富岡町、大熊町、双葉町、浪江町、川内村、葛尾村。第一原発の位置するのは双葉町と大熊町にまたがる場所で近辺はいまだに汚染土中間貯蔵所(2045年まで)となり放射線量は高い。住民帰還の困難区域が最後に解除されたのは2022年9月1日で原発から5キロの常磐線・双葉町駅近辺。

15 同書、52~53頁。

16 同書、37頁。

17 同書、37頁。

18　同書、33頁。

19　松谷彰夫『裁かれなかった原発神話』（かもがわ出版、２０２１年）246頁。

20　大飯原発（福井県高浜町）の関西電力でも「原発マネー」の似たような愚民政策の問題が指摘されている。安斎育郎・有馬頼底『宗教者と科学者のとっておき対話』（かもがわ出版、２０２０年）57～58頁参照。

21　早川篤雄氏証言「むら人たちは眠れない――早川篤雄と原発の同時代史」46頁。

22　株主訴訟で東京地裁判決は、原発事故が起きれば「国土の広範な地域、国民全体に甚大な被害を及ぼし、我が国の崩壊にもつながりかねない」と指摘。原子力事業者には「最新の知見に基づき、万が一にも事故を防止すべき社会的・公益的義務がある」と明示した。https://www.bbc.com/japanese/62159103.

23　早川篤雄氏証言「むら人たちは眠れない――早川篤雄と原発の同時代史」56頁。

24　２０１５年４月に寺に戻った。その後に２０１７年３月までの楢葉町への帰還者は818人で事故前の11・11パーセント。その後に人口が徐々に増えつつあるがほとんどが廃炉作業のための労働者である（同書、31頁）。

25　菊地馨実・鈴木典夫編『原発被災した地域を支え、生きる』（旬報社、２０２２年）63頁。

26　当資料は今野順夫他主催の第207回「ふくしま復興支援フォーラム」、２０２２年11月９日提示のもの。

27　細野豪志著・開沼博編『フクシマ原発事故自己調査報告――深層証言&福島復興提言：2011+10』(徳間書店、2021年)25頁。

28　ALPS処理汚染水対策を考えるシンポジウム参考資料(「これ以上海を汚すな！　市民会議」主催(2022年10月29日、於いわき市平)。また福島県地域漁業復興協議会委員の林薫平氏(福島大学准教授)は2025年まで処理汚染水放出を凍結し、広く社会的議論のための円卓会議を提案している。そこで原発廃炉の課題一般と地元自治体と産業の課題をテーブルに乗せるべきであると(「福島民報」2023年2月8日号)。

29　稲垣久和・土田修『日本型新自由主義の破綻』(春秋社、2020年)第5章。

第二章　なぜ神学の課題なのか

1　ヒューマニズムとの共闘——共通恩恵論

東日本大震災後の仏教側の支援活動は「カフェ・ド・モンク」という言葉と共によく知られています。寺の住職として自らの被災体験の悲嘆と、さらにそこからの問題提起について傾聴すべき「フクシマからの声」をここで挙げておきます。

第一章で紹介した双葉郡楢葉町の宝鏡寺境内に「非核の火」と名付けられたものが灯されています。正確には「ヒロシマ・ナガサキ・ビキニ・フクシマを結ぶ非核の火」と言います。

また宝鏡寺には「伝言の碑」があります。これを見て私たちは東京在住者としての悔い改めに導かれています。私たちは四セクター論（112頁参照）で真ん中に「公共圏」をおき、これが親密圏とは異なり「異質な他者」との対話と熟議の場所であるとも言ってきました。神の像（かたち）として造られた人々の中には、ヒューマンな愛と平和のために労している多くの方々がおられます。以下の碑もその一つです。

原発悔恨・伝言の碑

電力企業と国家の傲岸《ごうがん》に
立ち向かって四十年。力及ばず

原発は本性を剝き出し
故郷の過去・現在・未来を奪った

人々に伝えたい
感性を研ぎ澄まし
知恵をふりしぼり
力を結び合わせて
不条理に立ち向かう勇気を！
科学と命への限りない愛の力で！

早川篤雄　安斎育郎
二〇二一年三月十一日

早川氏と安斎氏は四十年以上もの間、原発の危険性への反対運動を通して国民に警鐘を鳴らしてきました。しかし、それが功を奏しなかったことへの「悔恨」を表明し同時に仏教的人生観からの取り組みが顕著です。[1] 私たちの場合の悔恨は意味が異なります。つまり私たちの場合は、東京電力の電気を使用するだけで、それがどこから来ているのか、こういう深い認識を十分にしてこなかったことへの「悔恨」です。

最後の「科学と命への限りない愛の力で!」も重要です。「伝言館」という小冊子の一九頁に年表があり科学の歴史に言及しています。一九〇五年のアインシュタインの特殊相対性理論の説明に「ウラン二三五の原子核に中性子をぶつけると原子核分裂反応が起こり、相対性理論で予測されたとおりのエネルギーが放出される」(一九三〇年に中性子発見、一九三八年にドイツでウランの原子核分裂発見)とあります。実際に宝鏡寺の伝言館に行き、展示場の地階に入るとアインシュタインの写真が掲げてあります。アインシュタインはヒロシマ・ナガサキ原爆投下後に米国で「一九四六年にプリンストン高等学術研究所の湯川秀樹博士の研究室に来て『日本に原爆を落としてしまった』と涙を流して謝罪した」とあります。湯川秀樹も核兵器を「絶対悪」として戦後にアインシュタイン、ラッセルと共に科学者の平和運動に立ち上がりました。

湯川秀樹と並んで戦後日本の素粒子理論をリードしてきたノーベル物理学賞受賞者に朝永振一郎(一九〇六年~一九七九年)がいます。彼は一九七六年に「物質科学にひそむ原罪」と題する一般講演のなかで、やはり核エネルギーの解放に警鐘を鳴らしてきました[2]。

まず、天上の火を盗んで、ゼウスから罰せられたプロメテウスにまつわるギリシャ神話[3]について触れています。そのあとにこう語るのです。

つまり、そういうヨーロッパで生まれた科学を、私たちが自分のものとして扱うときには、もう一つのヨーロッパで生まれている、科学に対する恐れ、罪の意識、キリスト教のほうでいえば、パラダイスを追われたという「原罪」という考え方があるんだそうですけれども、そういうようなものも一緒に、心の中に持ちながら、科学というものを考えていく必要があるんじゃないかと、そういう感じがいたします。[4]

十七世紀のヨーロッパで生まれた近代科学がキリスト教文化の実、神学的には共通恩恵によることはよく知られた事実でしょう。共通恩恵というのは、原罪にもかかわらず、人間の能力にもともと神から植え付けられた創造的な力は失われずに残されているということです。しかし三百年して科学発展の行きついた先がその根底に横たわっていた「原罪」を露呈してくるとはいったいどういうことでしょう（「原罪」という朝永博士の表現に京都学派の吉川幸次郎、梅原猛も賛同していることが同書五三頁にも出てくる）。引き続きこう語っています。

現に原爆の実験が成功したときに、オッペンハイマーが次のようなことをいっているんです。つまりあまりにも核のエネルギーが巨大なことに、彼は非常な驚きと恐れをもって、その実験が成功したときに、「物理学者は罪を知ってしまった。そして、それは、もはやなくすことのできない知識である」（The physicists have known sin,and this is a knowledge which they cannot lose.）という言葉をはいたそうです。これは、さきほどのキリスト教の原罪の思想を、核の実験が成功したときに、オッペンハイマーがいやおうなしに思い出されたということだと思います。

日本の科学者や知識人たちがこのように「悔恨」の思いを持ち、また深刻に「原罪」について言及しています。聖書的世界観に立つと言っている私たちがこれについて、しかも核戦争の結末から文明の終焉までが人々の口にのぼっている時代に、神学の課題としてきちんと考察しないとしたら、それこそ怠慢のそしりを逃れ得ないでしょう。そして、神学の課題がもし人々の生活や文化の課題から遊離して語られたら、単なる〝頭の体操〟になってしまいます。それを避けるためにも、現代的な問題に深く関わっていることを以下で具体的に示していきたいと思います。

2　原爆は悪、平和利用は善か

ロバート・オッペンハイマー（一九〇四年～一九六七年）は原爆の父と呼ばれた人物です。[5] しかし実際に彼が原爆製造に関わったのはわずか二年半あまりで、その驚くべきリーダーシップによって米国の科学者集団を率いてロスアラモスで核爆弾の実験成功に導きました。一九四五年七月十六日午前五時三十分のことでした。この日付は日本人にとって重要です。

なぜならこの日付はアジア太平洋戦争の末期であったからです。大きな住民の犠牲を出した沖縄戦もすでに一九四五年六月二十三日に終了していました。そして、日本に無条件降伏を迫ったポツダム宣言が出されたのが七月二十六日でした。ですから、もし、すでに敗戦確実だった日本がここで無条件降伏を受け入れていれば原爆は日本に落とされなかったのです。歴史に「もし」ということはないのですが、事があまりに大きな、しかも人類史の動向を左右した問題であるだけに、日本人はよくよく注意しておくべき点であると思います。しかし、本土決戦を叫んだ日本指導部が、ポツダム宣言受諾を引き延ばしていた間に、残念ながらこの完成直後の原爆が日本に投下されてしまったのです。八月六日のことです。

この原爆投下という人類史上の大きな罪の責任はいったいどちらの側にあるのでしょうか。オッペンハイマーとその周辺の科学者たちには、この間の苦悶が出ています。いま日本人、特にクリスチャンがそれについて知ることはきわめて重要です。これは神学の課題でもあるからです。少し詳しく見ておきます。

オッペンハイマーが一九四三年に、ニューメキシコのロスアラモスの原爆製造研究所の所長に任命されたのは三十九歳の時でした。彼の家系は父親がドイツから移民したユダヤ人で商売に成功して裕福であり、母親も米国生まれのユダヤ人画家。一家は、宗教的にはニューヨークのシナゴーグに属さない進歩派で、シオニズム運動批判者のF・アドラーという人物が一八七〇年代に創設した米国独自のユダヤ系倫理文化協会に属していました。このグループは合理性の強い非宗教的ヒューマニズムを尊重していました。オッペンハイマーはこのグループの倫理文化学園で良い教育を受けました。あらゆる科目で優等であり、一九二一年にここを卒業して一九二二年にハーバード大学入学、一九二五年に英国ケンブリッジ大学で実験物理学を専攻して、そして一九二六年にドイツのゲッチンゲン大学の理論物理学者マックス・ボルンの下で量子物理学を研究し一九二七年にPh.Dを取得しました。

一九二七年七月にニューヨークに帰り、翌年からカリフォルニア工科大学で研究員となって物理学を研究し教え始めました。再びヨーロッパにわたり、世界的物理学者のW・パウリの下で量子電磁力学を学んでカリフォルニアに帰り、一九二九年にカリフォルニア大学バークレー校で助教授職を得ました。

オッペンハイマーがドイツでの一九三八年の核分裂発見のニュースを知ったのは、カリフォルニア大学で教えていた一九三九年一月でした。その時から米国政府内では極秘に慎重な人選が進められ、最終的に彼がマンハッタン計画の科学的指揮を執るように依頼されたのは一九四三年になってからです。

ロスアラモス研究施設が一九四三年三月に開所した時には百人の科学者、エンジニア、スタッフだったものが一九四五年夏までに、少なくとも民間人四千人と軍人二千人の小さな町になった[6]というから驚きです。いかに米国政府がここに予算と人材を投入したかが分かります。しかもE・フェルミ、H・ベーテ、R・ファイマンなど著名なノーベル物理学受賞者たちも研究に携わったのです。実は、これらの優れた科学者たちは決して喜んで研究に参加したのではありません。むしろ逆でした。イシドール・ラビという両親が敬虔なユダヤ教徒でやはりノーベル賞受賞者でオッペンハイマーの親しい友人の科学者は、核エネルギーの解放のような大発見を兵器製造に利用するのは物理学の成果を卑しめる汚点だと詰め寄ったのでした。彼とのやり取りでのオッペンハイマーの答えはこうでした。

このプロジェクトがこの三世紀における物理学の到達点であるという、あなたの意見を信ずるとしてもわたしとしては異なる立場をとるべきだと思います。わたしにとって、基本的にこのプロジェクトは若干の影響をもたらす軍事兵器を、戦争に間に合うように開発することです。ナチスのことを考えたら、この開発の遂行をやめるという選択肢はあり得ないと思います。[7]

この言い方は明らかに「抑止力としての核兵器」の発想に他なりません。核兵器製造のスタートに核抑止の発想がすでに内在していたわけです。ところが製造の完成が近づいた直前、一九四五年五月七日にドイツが降伏しました。ここで科学者たちの間には製造計画を中止するという選択肢も話し合われました。オッペンハイマーの心も揺れますが、中止の方向には行きませんでした。しかしながら実験に成功した頃から、さらにヒロシマそしてナガサキの八月九日直後には、オッペンハイマーは意見を変えてラビと同じ立場をとるようになったのです。この彼の心変わりはきわめて複雑かつデリケートで、その後の多くの彼に関する文献が誤解に満ちたものになった理由でもありました。[8] われわれも神学的に「罪」や「悪」を語るときに十分に注意すべき点であると思います。

任務を終えて一九四五年十月十六日、彼はロスアラモス研究所を辞する講演の中で語りました。研究に携わった人々に誇りを持つようにと勧めたあとでこう言うのでした。

今日のところ、その誇りは深い懸念によって加減しなければなりません。原子爆弾が交戦中の国々の、あるいは戦争に備えている国の新しい兵器として加えられることになれば、ロスアラモスと広島の名前を人類が呪う日が必ずやってきます。[9]

この時、彼はまだ核兵器の国際管理が可能であると信じていましたし、そのための行動も取っていました。続けて力を入れて演説しています。

世界中の人々が団結しなければなりません。さもなければ人類は滅亡します。……法律や人間性全体に共通な危機が及ぶ前に、われわれは仕事を通じて団結した世界をつくることを誓います。

「人類は滅亡します」、確かに悲壮な叫びです。そしてまもなく彼は、彼自身のプロジェクトの科学的な業績を否定し始めるのです。オッペンハイマーは戦争が終結した一九四五年末に、上院委員会でこのように演説しました。「われわれは、熟した果物のいっぱいなった木を激しく揺さぶったら、レーダーと原子爆弾が落ちてきた。既知のものを必死で、むしろ冷酷に搾取するというのが、戦時における全般的な精神であった[10]」。戦時中という特殊な状況下が原爆製造を可能にしたのでしょうか。

彼は続けて、個人的に感じていた鬱屈を公にするようになりました。「われわれは、あるモノを造りました。まことに恐ろしい武器です」とアメリカ哲学学会で聴衆に語りかけました。「それは、急激かつ深刻に世界の質を変えました。このモノはわれわれが育った世界のどの基準から見ても悪であります。そしてそれによって、科学が人間にとって善であるかという問題を、われわれは再び提起しています[11]」。明らかに、彼は善と悪という倫理的な問題を根源的なところで提起しています。そしてこれが神学的な問題提起であることに気づくべきです。

そして一九四八年、大衆誌『タイム』は「科学が持つ罪悪の側面を、先週オッペンハイマー博士は率直に認めた」と報じたのでした。これが本章の冒頭に掲げた朝永博士の引用です。「物理学者は罪を知ってしまった。そして、それは、もはやなくすことのできない知識である[12]」。私たちはこの言葉が単なる文学的・修辞学的な表現ではなく神学的な意味を持つことの是非を問うために、もう少しこれが語られた背景を知る必要があります。『タイム』誌が大衆的に広める前に彼は専門家に向けた一九四七年十一月二十五日のマサチューセッツ工科大学の「現代世界における物理学」と題する講演ですでにこの言葉を語ったのでした。重要なので、この言葉が出てくる文節全体を紹介しておきます[13]。

戦時中のわが国の最高指導者の洞察力と将来についての判断によってなされたこととはいえ、物理学者は、原子兵器の実現を進言し、支持し、結局その成就に大きく貢献したことに、ただならぬ内心的な責任を感じた。これらの兵器が実際に用いられたことで、現代戦の非人間性と悪魔性がいささかの容赦もなく劇的に示されたことも、我々は忘れることができない。野卑な言葉を使い、ユーモアや大げさな言い方でごまかそうとしても消し去ることのできない、あるあからさまな意味で、物理学者は罪を知ってしまった。そして、それはもはやなくすことのできない知識である。

この罪は「現代戦の非人間性と悪魔性」と述べているように単なる罪ではなく、なされた行為への深く悔い改めを伴うユダヤ・キリスト教的な意味で言われていることが明らかでしょう。もちろん原爆製造に貢献した科学者の中には「ナチスの悪に対抗するにはこれしかない」として罪性を認めない人々もいました。しかしこれに対して哲学者D・ホーキンスに従えば「彼らはオッペンハイマーを理解しなかった。彼は既存の道徳の言葉で語っていたのではなく、宗教の言葉、あるいは哲学的倫理の、エデンの園の、失われた純潔性の言葉で語っていたのである」[14]。ホーキンスはロスアラモス研究所の正史をオッペンハイマーから依頼された人物でありました。一九四八年にオッペンハイマーのケンブリッジ時代の指導教師で、その後にノーベル物理学賞を受賞したP・ブラケットは『原子力の軍事的、政治的影響』という本を出版しました。これは日本での原爆使用決定に向けた初めての本格的批判でありました。

対ドイツを念頭に全力投球した原爆は完成した。しかしナチス・ドイツはすでに降伏していました。日本はまだ降伏していないにしてもその敗北は明らかでした[15]。だからもはやこの非人道的兵器は無用の長物ではないか。しかしそうならなかったのが人類史のアイロニーです。当時の米国指導者は日本への原爆投下を決定してしまったのです。

当時完成していたわずか二個の原爆を、あれだけ大慌てに太平洋の向うに運び、広島と長崎に投下したのは、日本が米軍だけに降伏したのだという主張に間に合わせるためだったと想像するしかない。それも間一髪のところで間に合った[16]。

一九四五年八月八日になって日本に宣戦布告したソ連が日本を先に降伏させて北海道の一部を取ろうとしていた、そのことへの牽制ということでしょう。すでに米ソの冷戦が始まっていたというわけです。ドイツが原爆開発をやめたと分かった時点でロスアラモス研究所をやめた科学者にジョセフ・ロートブラットがいます。「一九四四年三月のある夜、チャドウイック家の夕食に招かれたグローヴス将軍が、原爆の目的はソ連を押さえ込むことだ、と発言するのを聞いてショックを受けた[17]」。そのロートブラットには、自分はヒトラーから世界を救うために原爆開発に参加したのである、という信念がありました。彼は一九四四年の暮れにドイツでは原爆の開発は進行していないことが判明した時にアメリカを去りました。ドイツが降伏する前です。彼はその後、ロンドン大学の物理学教授となり、核兵器と戦争の廃絶をめざす科学者たちのパグウオッシュ会議の書記長を十七年にわたって務め、一九九五年にノーベル平和賞を受けました。ビキニの水爆実験の死の灰の中にウラン二三七をいち早く検出したことでも知られています。

原爆の開発、これは善か悪か。ここに倫理的・政治的・神学的テーマと科学技術の最先端の知識の大きなぶつかり合いと複雑な絡み合いがあります。原爆投下を決定したトルーマン大統領に対して米国キリスト教協議会は直後に抗議文を送りました。同協議会の幹部には、その後にアイゼンハワー大統領時代に国務長官になったダレスも名を連ねていました[18]。究極の善か悪かの問いは、ユダヤ・キリスト教文明の中では旧約聖書の創世記三章の物語に行きつかざるを得ません。いわゆる「原罪」はここにスタートがあるからです。

とてつもない核エネルギーの爆発力の解放が、このように西欧文化圏の科学者と良心ある人々には「原罪」と結び付けられました。そのことに比較して、日本文化圏ではどうであったのでしょうか。

日本の原発と罪意識の問題

先述の朝永博士は、オッペンハイマーの「私は水爆完成をおくらせたか」(『中央公論』一九五四年六月号)を読んだ感想をこう記しています。「このように傑出した科学者とても、そしてただ単に時流に超然などということはできないのはもちろんだが、自分で歴史に働きかけたと思った瞬間、今度は歴史によってどうにもならない目に合わされる。何かよく分からない巨大なものの手でいやおうなしに動かされて行く。オッペンハイマー自身は、自分の変貌を自分自身の進歩であると感じているようだが、東洋人の僕は何となく運命というようなことばを使いたくなる。心の弱いことである」[19]。このように日本人科学者の良心を吐露しています。朝永博士も湯川博士も戦後の核兵器廃絶のパグウオッシュ会議には熱心に参加しています。

原爆による核エネルギーの解放の知見は、米国でほぼ同時に原子力発電に応用されました。戦後日本では原爆開発は問題外でしたが、平和利用としての原発開発は戦後復興のテーマとして活発に議論されました(ただし政権中枢の裏側では原発の中の核反応で造られるプルトニウムと絡んで原爆保有の可能性はすでに議論されていた[20])。

朝永博士やその周辺の科学者たち、そして当時の日本学術会議では原子力の平和利用についての議論が始まりました。特に自民党の政治家・中曽根康弘氏（当時の岸信介内閣の科学技術庁長官で一九五五年の原子力基本法制定の中心的政治家）の熱意は大きいものでした。一九五九年の科学技術振興の会議で、朝永博士の「基礎科学が大事」という発言を受けて、むしろ政治的関心から応用科学、そして原発研究に予算を付けると公言しました。中曽根氏いわく、「アメリカからオモチャをもらってきて上げて喜ぶ気持ちはわれわれにもない。根底にあるのは国産の技術や国産の理論をつくり上げることで、そのためには広大な領域の研究が必要だ」、と。[21]

こうして、平和利用の名のもとに一九五七年に茨城県東海村の実験炉に「原子の火」が灯って以来、半世紀の間、原発開発は国策として推進されていきました。そして二〇一一年の福島での原発事故の発生以前、すでに原発は日本の総発電量の三割程度を担うところまできてしまいました。日本の商業発電用原発は五十七基（東海村のガス炉を含む）建設されましたが、福島事故前に三基（東海ガス炉と浜岡1、2号）の廃炉が決まっていて福島事故直前には五十四基になっていました。

今日に至って原発立地、具体的には北海道泊原発、青森県六ケ所村核燃料サイクル基地、福島原発小高、静岡県浜岡原発、福井県敦賀原発、愛媛県伊方原発、島根県島根原発、佐賀県玄海原発、そして山口県上関町（予定）原発など近辺にある教会のキリスト者たちによる反原発の苦闘がありました。彼らは特に〝原発マネー[22]〟の麻薬的効果について例外なしに訴えています。[23]

麻薬的効果という意味で想起するのは、例えば大半のキリスト教会は聖餐式のブドウ酒をブドウ汁に転換したことがありました。いわゆる個人のアルコール中毒症という病理現象が脳神経系統にまで入り込んでその個人の人格崩壊を招きかねない、その麻薬的効果を医学生理心理学的学習を通して理解したからです。ところが、こういった人間のいのちを慈しむキリスト教会の隣人愛のレベルの議論と正反対のところに、個人の誰それが悪いというレベルで解決がつかない、「悪の凡庸さ」の積みかさねが日本の原発の問題なのです。社会悪として構造化されたところに、日本の原発政策があると言わざるを得ません。

　事故を起こしたら取り返しがつかないことが分かっていながら、過疎地の振興と称して〝原発マネー〟と引き換えに原発立地を決定させる。こういった制度を作ること自体が悪知恵に長《た》けたきわめてゆがんだ政策であり、露骨な愚民政策そのものではないでしょうか。日本人の市民の連帯感のなさも原因の一つです。人間の尊厳を破壊し地域を分断する政策そのものであるのに、国民の多くが江戸時代以来の「民は依らしむべし、知らしむべからず」の価値観の中に眠っているということでしょう。

　福島での大事故の前から問題になっていたのが、頻繁に起こる不具合と事故、さらには高レベル放射性廃棄物（核のゴミ）の処理についてです。ヨーロッパできちんと議論されているようには日本では議論されていません（フィンランドのオンカロでは十九億年前から安定している岩盤に穴を掘り「核のゴミ」の百年分を保存するとのこと）[24]。かりに事故が今後に起こらないとしても、すでにある五十基の原発のうち六割の三十三基は数年間の稼働で使用済み燃料用プールが満杯になりそこで稼働できなくなる、との報告もあります。[25] 実際、二〇二二年時点ですでに十七基が再稼動すればとたんに満杯です。地震大国の日本で、まさに緊急の課題です。日本学術会議が発行した『高レベル放射性廃棄物の最終処分について』という報告書を参照しながら問題点をまとめてみましょう。

高レベル放射性廃棄物（核のゴミ）は、先述したように、プルトニウムであろうと核燃料サイクルで生じる廃棄物であろうと、むき出しているところに立ち会えば直ちに死ぬほどの毒性を帯びています。長期にわたって高い放射線を出していますので、まずはプールで冷却しその後に何段階も処理してしっかり管理しなければ生物の生命に影響を及ぼし続けます。十万年後に自然界のウランと同程度の放射能レベルに落ちるといわれていますので、多方面の国民的な議論を要します。もっとも十万年どころか千年先の日本の行く末すら見通せないのが現実なのですが。

日本学術会議は福島事故の前、二〇一〇年に原子力委員会からこの高レベル廃棄物の処分について国民に対する説明と情報提供のための審議を依頼され、それに対する回答書を二〇一二年に出しました。同時にそれをめぐる学術フォーラム等を開催したものが右の報告書の内容です。

「核のゴミ」の処分は？

廃棄物は地層を深く掘って処分されることになっています。筆者の見るところ最大の問題は、地震列島である日本にどういう最終処分の場所があるのかということころです。地震学の分野の研究者である石橋克彦氏（神戸大学名誉教授、元国会福島原発事故事故調委員）からの以下の発言は傾聴に値します。一九九九年に日本原子力研究開発機構が出した報告書（第二次取りまとめ）への批判を含んだ以下のような内容で、二〇一二年の同回答書に掲載されています。これを要約しておきましょう。[26]

日本列島で地層処分が可能だという考えは、活断層だけが地震を起こす、日本の主要な活断層は概ね把握されている、処分場候補地で詳細な調査をすれば未知の断層も確認できる、という考え方に立ち、地震の起こらない場所が広く存在すると主張する。しかしこの見解は根本的に誤りである。日本列島の上部地殻（深さ十五〜二十キロより浅い部分）には大小無数の割れ目・亀裂・弱面・断層面がある。それらが単独に、あるいは繋がって、ズレ破壊をするのが地震である。「活断層」というのは、最近数十万年間に地下の同じ場所で大地震が繰り返し発生し、地表地震断層が何度も現れて累積して、地表付近で断層として認識できるものを指す。当然そこでは将来も地震が起きると予想される。しかし地震断層面が地表に顔を出さず、活断層が形成されない場合も少なくない。その場合は、活断層が認識されていないのにM六〜七クラスの地震も起きることになる。その実例もある。大事なことは十万年後まで放射性核種が生活圏に漏出しないことである。それを保証して初めて「地層処分ができる」と言えるのだが、シミュレーションで「大丈夫だろう」と推測するだけで、実証試験はまったくできない。

きわめて重要なのは、「十万年経ってみたら地震の影響を免れた」という場所が日本に皆無でないかもしれないが、あらかじめそういう場所を特定するのは不可能ということである。「十万年間地震の影響を受けない場所がどこかに存在する」という命題Aと、「選定された特定の場所が今後十万年間地震の影響を受けない」という命題Bとは、まったく異なる。「第二次取りまとめ」は命題Aを不完全に述べて、処分地を適切に選定すれば地震の影響を回避できるという実際上無意味なことを言っているにすぎない。安全評価や処分地選定の技術的検討についても記してはいるが、前節で述べたような問題をクリアできるものではない。二〇一一年の東北沖超巨大地震で未熟さを思い知らされた現在の地震科学では、今後十万年間絶対に地震の悪影響を受けない場所を選定することなど、不可能である。

およそ以上のような内容です。問題は明らかに検証を旨とする科学の領域を超えてしまっています。石橋氏は福島原発事故直後に『原発震災』というこれまでの「警鐘の軌跡」をまとめた本を出版し、そのはじめに「世界の地震と原子力発電所の分布」の地図を掲げています。いかに日本列島が地震多発地であるか、そこに世界の一割もの原発が集中している特異性を一目瞭然の形で可視化しています（本書口絵は本人によるその改訂版）。その書で「地震付き原発」という造語を記し「それは、まれに大地震・大津波に襲われるかもしれないなどという生やさしいものではなくて、背後霊のように地震がついている」と述べています。〝背後霊〟とは奇妙な表現ですが、結局、鳴らしたい警鐘は科学の領域にではなく国民の精神性にあるということです。実際に「日本人の人類史的な覚醒が求められている」[27]とも書いています。まったくそのとおりです。

そもそも孫の世代の生きる環境すら脅かしている今日の日本人が、何万年も先の文明を配慮しているポーズをとることすら欺瞞的でしょう。ホモ・サピエンスの登場は約二十万年前、話し言語を獲得して五万年と言われています。何万年後という、果たして日本文明が存続しているのか、いや人類文明が存続しているのか、という領域に問題をあずけてしまって「核のゴミ」の処理問題を議論する、そのこと自体があまりに非現実的ではないでしょうか。

なぜ有能な人たちの集まっている社会の中でこんな問題を抱えてしまうのでしょうか。これはすぐれて人間的な問題です。純粋に科学の問題ではなく、倫理的な問題であり神学的な問題なのです。いわゆるムラ社会と呼ばれているものと関係しています。原子力ムラというものがあり、それがきわめて強固であるのです。そのことを経験的に知っている事故当時の総理大臣であったのが菅直人氏です。彼は次のように言っています。

電力は経産省が所管し原発も経産省の「資源エネルギー庁」が推進する立場として所管していた。一方、安全を管理し規制する立場の「原子力安全・保安院」も経産省の中にあった。そのため、同じ官僚が経産省内の人事異動で、推進する側の資源エネルギー庁と安全管理と規制する側の保安院をいったりきたりしていた。さらには保安院にいた官僚の多くが経産省を退職した後、電力会社に天下る。これでは、まともな規制ができるはずがない。[28]

そこで事故後は保安院を経産省から切り離して環境省の外局の「原子力規制委員会」としたのでした。それがどうでしょう。ムラの力は強く、自民党政権に復帰して十年、岸田内閣の時代になってからのことです。二〇二三年二月十三日の原子力規制委員会の臨時会合で「原発の運転期間は原則として四十年で、特別の場合に限って二十年の延長が認められる」(炉規法)をさらに「六十年を超えても認められる」と変えてしまうルール改定を四対一で決定してしまいました。[29]

これが日本の原子力ムラと呼ばれているものの実態なのです。原発事故当時、自衛隊の統合幕僚監部で防衛計画部長として任務にあたっていた磯部晃一氏が「戦後史において原発事故は最大の国家的危機だった[30]」と証言しているにもかかわらずです。この国家的危機を自覚し得ないのがまさに「第二の敗戦」ということにほかなりません。

吉岡斉著『原子力の社会史』は、その新版が福島原発事故後の二〇一一年十月に出版されました。その中で日本の原発の歴史を六つの時期に分けています。[31] ①戦時研究から禁止・休眠の時代(一九三九〜五三)②制度化と試行錯誤の時代(一九五四〜六五)③テイクオフと諸問題噴出の時代(一九六六〜七九)④安定成長と民営化の時代(一九八〇〜九四)⑤事故・事件の続発と開発利用低迷の時代(一九九五〜二〇一〇)⑥原子力開発利用斜陽化の時代(二〇一一〜)。本書の旧版が一九九九年に出た時にはなかった区分が最後の第六期として追加されたわけです。しかもその標題が「原子力開発利用斜陽化の時代」となっているのは印象深いことです。

著者の吉岡氏は事故直後二〇一一年五月に菅直人内閣が閣議決定して発足させた「福島原発事故調査・検討委員会」メンバーの一人でした。それだけにあれだけの事故を起こした原発は今後は「斜陽化の時代」に入るという確信と警告を込めて、事故直後に新版を著したのでしょう。それがどうでしょうか、十一年たって岸田内閣になって「原発再稼動・新増設」の方向に行くとは、きっと予想だにしなかったに違いありません。

日本という国はそれほどに原理原則がない国である、そのことを如実に表しています。

3　自然再生エネルギー

人類存続のための二十一世紀の最大の問題の一つが地球温暖化阻止の問題です。ここで改めて言うまでもないことでしょう。温暖化のもとになるＣＯ２をまったく出さないということではなく、出しても植物が吸収できる、また海面が吸収できる範囲内に抑える。そのことにより、実質の排出をゼロにしていくというわけです。実際に、産業革命前までは人類文化はそのようになっていました。

その後の森林伐採、石炭、石油といった化石燃料の使用で急激にＣＯ２排出量が増え、生態系のバランスが崩れ、地球温暖化が進みました。二〇一六年十一月に発効した国連関係の「パリ協定」（COP21）で長期目標を「世界的な平均気温上昇を産業革命前に比べて二℃より十分低く保つ」と決めたことはよく知られています。そこで日本政府も「二〇五〇年に向けて温室効果ガス八〇パーセント削減を目指している」（パリ協定に基づく成長戦略としての長期戦略、二〇一九年六月）という方針であることも周知のところでしょう。しかし、だからと言って、ロシアのウクライナ侵攻による燃料費の増大に乗じて原発再稼動というのではあまりに情けない話です。官民あげてのSDGsや社会的イノベーションのキャンペーンにも反しているのではないでしょうか。

さて、核エネルギーの解放のなかには核分裂と核融合とがありました。核分裂の原発はだめだが核融合なら大丈夫か、ということこれまた問題なのです。核融合は自然界では太陽が燃えている原理の応用です。太陽のようなものすごい高温でプラズマ状態にある反応を磁器内に閉じ込める、これは科学として面白いアイデアです。しかしこんなもの、何年先に実験が成功して実用化ができるかまったく不明ですし、当然のことながら放射能は出ますから、結局は実用化できたところで日本のような地震大国では動力炉として困難と考えます。結局のところ、日本では、核エネルギー利用は原発ではなく放射線医療や一部の道具的利用以外には困難ではないでしょうか。

では原発をやめてかつCO2を出さないエネルギー源となると、自然再生エネルギーか水素エネルギーということになります。水素は燃えたあとに水になるので大いに今後に期待できますし、水素自動車なども作られています。自然再生エネルギーの方は水力、風力、太陽光発電、バイオマス発電等々、多種多様なものが出てきていて今後にさらに開発可能ですし、日本人の得意のモノづくりの分野ではないでしょうか。ここにこそ英知と多くの資本を投入して日本を持続可能にしていく、これが平和国家日本の生き行く道ではないかと思います。

再生エネルギーはとにかく燃料費がいらないので安価です。風力にしろ太陽光にしろ自然そのものがエネルギー源ですから、発電量をいくら増やしても「限界費用ゼロの電源」です。つまり、化石燃料と比べて発電量を増やせば増やすほど発電コストは低下しますから、世界の趨勢がそちらに行っているのは当たり前です。二〇一八年には六十五か国が自然エネルギー一〇〇パーセントの実現を宣言、ノルウエー、アイスランド、コスタリカはすでにこれを達成しています。

太陽光パネルは効率の良いものが出回っていて多くのシェアを獲得しています。ただ大地を占有するので土地開発との関係で、また町づくりとの関係で問題なしとしないというところはあります。[32] また農業地面を減らしてしまうという懸念も出ていました。これに対して、最近、営農型太陽光発電というやり方が開発されてきて農業と併用し、かつ場合によっては農業も逆に伸ばす手法が脚光を浴びています。[33]

風力発電も、陸上のみならず洋上での発電で技術的な問題をクリアすれば可能性はきわめて大です。「風力発電機の製造は、日本が得意としてきた自動車産業と同様に、『約二万点の部品による組立産業』」とも言われている分野です。[34] コストも二〇二〇年時点でキロワットアワーあたり石炭火力で十二円に比べると十円程度にまで下がっています。[35] 火山国の日本は地熱発電も大いに研究すべき分野になっています。バイオテクノロジーを駆使した発電技術も開発されています。時代遅れの原発に固執する理由はもはやありません。この方面での入門書や専門書はたくさん出ているので、詳しくはそちらを参照してください。

神学との関係

そして神学との関係で重要なことは、再生エネルギーの分野で大きなウエートを占めるのが、実は技術革新でなく政治革新だということなのです。エネルギー分野でキリスト教神学が関われるのは主としてこの政治革新の方です。政治思想の根幹は人間の倫理的・精神的面にあるからです。ただ政治革新も国政レベルとなると少数キリスト教会が「平和の実現」と声をあげても限定的です。それに対して地域政治、地域自治の社会的正義の面では地域教会は大いに可能性があり、また求められている分野でもあるでしょう。

キリスト教と政治の歴史では「権力」の起源について、多くの研究があり、宗教改革を経験した西欧では権力分離の重要性が説かれました。真の最終権力の源泉は神であるがゆえに、不完全な人の世界では、権力を分離して（領域主権）チェックとバランスを保つ。いわゆる民主主義の原理が発展しました。欧米で中央権力に抗して連邦制などが強いのは、やはり地域教会の影響と言えます。

日本のエネルギー分野では今まで中央権力集中型でしたが、今後は分離して地産地消のエネルギー自治をつくり上げていく、このような時点に日本はさしかかっています。原子力ムラは電力独占体制の中で育まれた旧《ふる》い体質です。戦後の官民一体で日本を復興する時代には合っていたかもしれませんが、民主主義と市民社会が育ってきた時代には地域主権の中で転換していくべきです。

ただし洋上風力などは大資本の投入がなければできない分野であり、大企業が必要ないという見方を筆者たちは取っていません。むしろ、富が広く市民に行きわたって正義と公平がなされるように、地域教会もその地域での役割を自覚していく時代に入っているのではないか、という勧めです。

エネルギー自治の分野では、何よりも発送電完全分離がこれからの発想です。発送電完全分離とは発電すなわち生産業者と、送電すなわち輸送業を分け、さらには送電から配電（供給）を分けることです。この動きが福島原発事故以後に急速に広がっています。二〇二〇年四月に送配電事業の法的分離も決められました[36]。これによって中央統制的な日本全国の九電力会社の独占体制から脱皮するというだけでなく、地産地消によって地域が自律できる方向が可能になったということで、歓迎したいものです。いたるところで市場的な自由化を進めている政府が、電力事業だけは独占体制を温存しているのは、独特なムラ社会を既得権益にからませて温存するゆえです。それが国際的にみても日本の電気料金が高い[37]、こういう現実をも生み出しているのです。

国民の利益のためには、そして原発を止めるには「原子力ムラ」を解体するしかないのですが、このムラ構造の特徴は単に経産省か環境省かといった官庁内の人的な行き来にとどまらず、産業界と学界を巻き込んでいます。その上、他の既得権益温存のムラ社会とも異なり、特に政治権力の誘導が強いと言われています。その理由は、このムラ社会のスタートにまでさかのぼり、日本と米国との間の国家の軍事的安全保障が背景にあり、日本の「核武装」への布石などの疑念があるからです[38]。それゆえに強固で根深い問題となってしまい、解体は「ほぼ絶望的」と評する論者もいます[39]。

神学的表現をすると、ここでの罪と悪は個人のものというよりも日本の国の存続をかけて構造化されているということです。そうなると、ただ一つの可能性は、終末を見すえたクリスチャングループが地域において発送電完全分離と再生エネルギーへの国民的世論の高まりを促す、こういう方向しかありません。その途上での日本の民主主義の成熟しかありません。地域の「制度としての教会」が直接にこれをしていくというよりも、教会から地域に遣わされたクリスチャンが、各方面で心ある市民と協働作業をしていくということです。

原発がどうしても国策がらみで大型で集権的・独占的になるのに比べれば、再生エネルギーの生産は民間の多様なグループの参入で小型で分散的になります。多様な地域で再エネ事業者が入る余地があり、蓄電技術と組み合わせれば地域ごとに電気を供給できるようになります。例えば消費財を協同組合方式で買うように電気という消費財をそのような方式で買うようにすれば、地域で生産者と消費者が市場を介せずつながり、エネルギー自治という民主主義の活性化にもなっていきます。

ただし、電気輸送については広域でネットワーク化しないと需給状況に応じた瞬時の調整ができません。その対応のためにＩｏＴその他のＩＴ事業と組み合わせることがどうしても必要です。この総合的なマネジメントの能力、ここに今後の日本の生き残りがかかっていると言っても過言ではありません。組織の運営の力、よい意味での政治的な能力の開発です。ここにキリスト教の原理原則、それを共通恩恵によって一般の人々に翻訳していく能力、これが問われています。再生エネルギー分野を通して、新たなスマート社会とエネルギー自治による公共圏が拡がっていくことが期待されます。

科学技術と社会生活におけるリスク・マネジメントのあり方[40]、特にコミュニティにおける利益の「分配的正義」、意思決定のプロセスにおける「手続き的正義」、住民と事業者の間の「信頼」の醸成、こういった熟議民主主義が取り組むべき大きな課題として目の前に存在しています。しかしながら、実は、日本における原発の是非の問題は、もはやこのようなリスク・マネジメントのレベルをはるかに突き抜けて、さらに深く神学的課題へと突入している、これが筆者たちが訴えたいことです。

4　日本における神学の必要性

私たちは、今日の国際政治の舞台での核軍拡競争、そして日本での福島原発事故、この二つに共通する「核エネルギー解放」という、人間の手でコントロール不可能な領域に突入してしまった時代に生きています。ただ呆然とするばかりですが、それでも私たちの希望は、人間には将来をも含めて生きる規範が与えられるのだ、それは聖書に記された神の啓示であり、聖書の世界観だという点です。ただし日本の従来のキリスト教会の聖書の読み方が救済論中心であったものから脱皮しなくては現代のリアルな希望とはなりません。

神が世界に関わるスタートは神の聖定と呼ばれ、その内容は創造と摂理と人間の命（いのち）のゆくえであります。[41] この聖定の三番目のものは永遠の命を約束するものであり、これが救済と関わるものです。日本人クリスチャンが特に注意すべきことなのですが、聖書の啓示は必ずしも救済に終始しているのではありません。創造と摂理にも多くのページ数を割いています。神はその恵みの豊かさと愛とを創造と摂理を通して施してくださるのです。先述したように、永遠の命に関する恵みを救済恩恵（saving grace）ないしは特別恩恵と呼ぶのに対し、創造と摂理に関する恩恵を共通恩恵（common grace）と呼びます。これはクリスチャンだけでなく全人類に施される恵みと愛です。先述した自然再生エネルギーの開発を重視するのは、この神の創造の恵みの豊かさにもっと目覚めるためです。特に地球環境に生命を育んだ太陽光の恵みは絶大です。植物を育み、その緑によって空気中に酸素を増やし、動物に食料を与えました。化石燃料も本はと言えば植物や動物です。それをいま声を大にして言うことが、日本のキリスト教の重要なミッションになっています。

神学を文化と対話できる方向に拡大していくには、神の共通恩恵がとても大事です。しかし日本のプロテスタントではこれについてきちんと説かれたことがありません。文化の神学といった類のものがありますが、救済論に付け足した程度のものにすぎません。この本はそれを本格的に語る場ではありませんが、それでも扱っているテーマ上、最低限のことは説明しておきます。再度強調しておきますが、私たちの提案は救済論についてではなく、摂理論わけても共通恩恵の神学についてです。

日本のプロテスタントのグループは簡易信条ですますところがほとんどなのですが、保守派の長老派系教会では今でも一七世紀に書かれたウエストミンスター信条を採用しているところがあります。ウエストミンスター信条の歴史的意味[42]をここで議論することはとてもできません。しかし小教理問答書が分かりやすいので、これを使って簡単に文化の意味付けを説明します。

「問答八」に「神の聖定が創造と摂理によって実行される」とあります。そしてアダムの堕落の説明があり、「問答一九」に「堕落した状態の悲惨」が以下のように説明されています。「全人類は、堕落によって神との交わりを失いました。今は神の怒りとのろいの下にあり、そのため、この世でのあらゆる悲惨と死そのものと永遠の地獄の刑罰との責めを負わされています[43]」。そしてすぐあとの「問答二〇」で「一人のあがない主」による「救済と永遠の命」という選びの教理へと続けられます。ここの「問答一九」と「問答二〇」の間には、明らかに大きなギャップがあります。それは旧約聖書の堕落以後の長い歴史と新約聖書でイエス・キリストが現れるまでのギャップが一つ。そしてもう一つは、十七世紀と二十世紀の間のギャップです。

前者のギャップは純粋に神学的で、教理的定式化のなかで多くの説明がなされるわけです。堕落の状態からイエス・キリストによって贖われた者とそうでない者との間に宗教的反定立が生じていることなどなど。[44] 後者のギャップには神学的というよりも文明論的・歴史学的・哲学的な説明を要します。十七世紀文明と二十世紀文明のレベルの違いはきわめて大きいものです。その間に人権・民主主義思想、近代科学、資本主義が生まれました。もしこのギャップが埋められないと、とても近現代の知性的な人々が正統的プロテスタントに回心することやそういった人々と対話することはできないでしょう。このギャップを共通恩恵という教理で架橋したのがアブラハム・カイパーでした。彼の神学の位置づけやその体系性の吟味などは、また専門の神学者たちに任せることにして、私たちの当面の目的は「人間の文化的営みの神学的位置づけ」です。

文化でも特に人権・民主主義思想、近代科学、資本主義は聖書がほとんど触れることのないものですが、その原理原則は聖書的な世界観と無関係ではありません。特に近代科学は共通恩恵の実であり、人間文化を創造の目的に沿って発展させるものであって、正しく管理できればそれ自体が悪ではありません。その認識論を無制限に拡大しようという近代啓蒙主義の欲望が悪をもたらすのです。[45] 特に私たちが本書で問題にしているのは、二十世紀に入る頃までは科学の発展はおおむね人間生活の全般に幸福をもたらし「神の国」の進展に資したと見なすことができても、その後の発展は限界を超え危害をもたらす面が強くなったのではないかということです。いわば原罪という債務への返済が着実になされていたものが、ある時期から負債を増やすことになっていたことに気づかなかったということです。気づいた時にはすでに債務不履行という事態です。

人間の文化にはアダムの堕落以後にも意味があったことは明らかです。ノアの洪水の後の契約は、イスラエルの民のみならず異教の民の父祖とも結ばれた契約でした。したがってイスラエルの歴史はもとより異教のエジプト文明にも、ギリシャ・ローマ文明にも中国文明にも、その諸文明の存在はイエス・キリストの誕生前であっても意味はありました。これはクリスチャンにもノンクリスチャンにも共通に注がれた神の恵みのゆえです。人間が罪と「神の怒りとのろいの下」にあったのは事実でしたが、そして今も事実ですが（だからこそイエス・キリストの十字架の贖罪への個人的悔い改めが必要なのですが）、しかし同時に「神は人間の罪を抑制し、文化を保持する」こともされていたのです。これが共通恩恵と呼ばれているもので、救済恩恵とは別に創造論と摂理論の中に含まれる教理であります。信仰義認としてよく知られたローマ書五章にも全人類の代表者のアダムとキリストの並行記事として、このキリストの恵みの豊かさが記されています。「ちょうど一人の違反によってすべての人が不義に定められたのと同様に、一人の義の行為によってすべての人が義と認められ、いのちを与えられます」。

図１四世界論

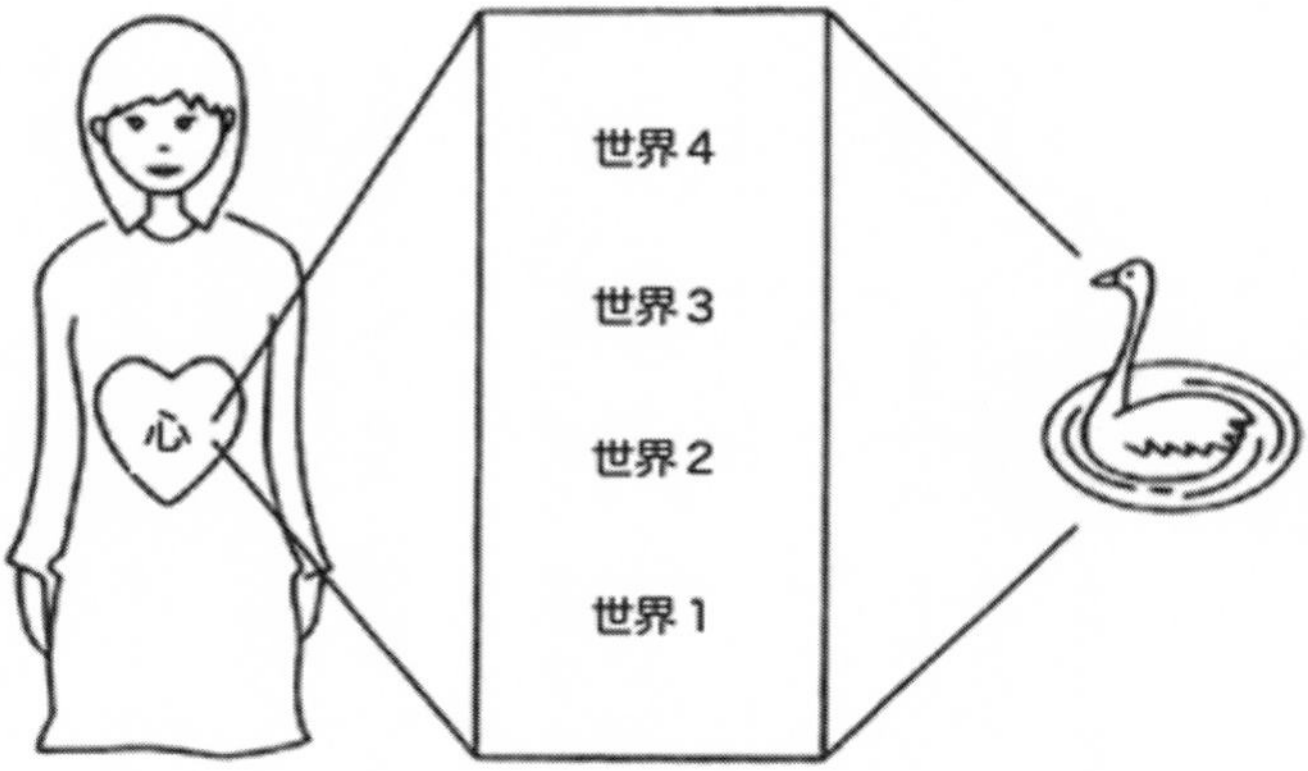

世界１（自然的・身体的意味の世界）、世界２（心理的意味の世界）、
世界３（社会的・倫理的意味の世界）、世界４（スピリチュアルな意味の世界）

神の豊かさと愛の現れである創造と摂理とは、世界と自然（生態系）の創造と人間の創造と自然と文化の保持ということです。神、人間、自然がその主たるプレーヤーです。この三者の歴史におけるダイナミックな展開をキリスト教哲学では四世界論と四セクター論と表現してきました。

　四世界論とは簡単に説明するとこういうことです。私という主体が神の創造と摂理の世界に対峙して、これに関係していく時に、神が与えてくれた世界の意味を絶えず探りつつ解釈し行動していきます。[46] 私が自然や仲間に接していく意味の世界を下から「自然的な意味の世界」、「心理的な意味の世界」、「社会的な意味の世界」、「スピリチュアルな意味の世界」と呼び、それぞれ世界1、世界2、世界3、世界4と呼びま

図2 四セクター論

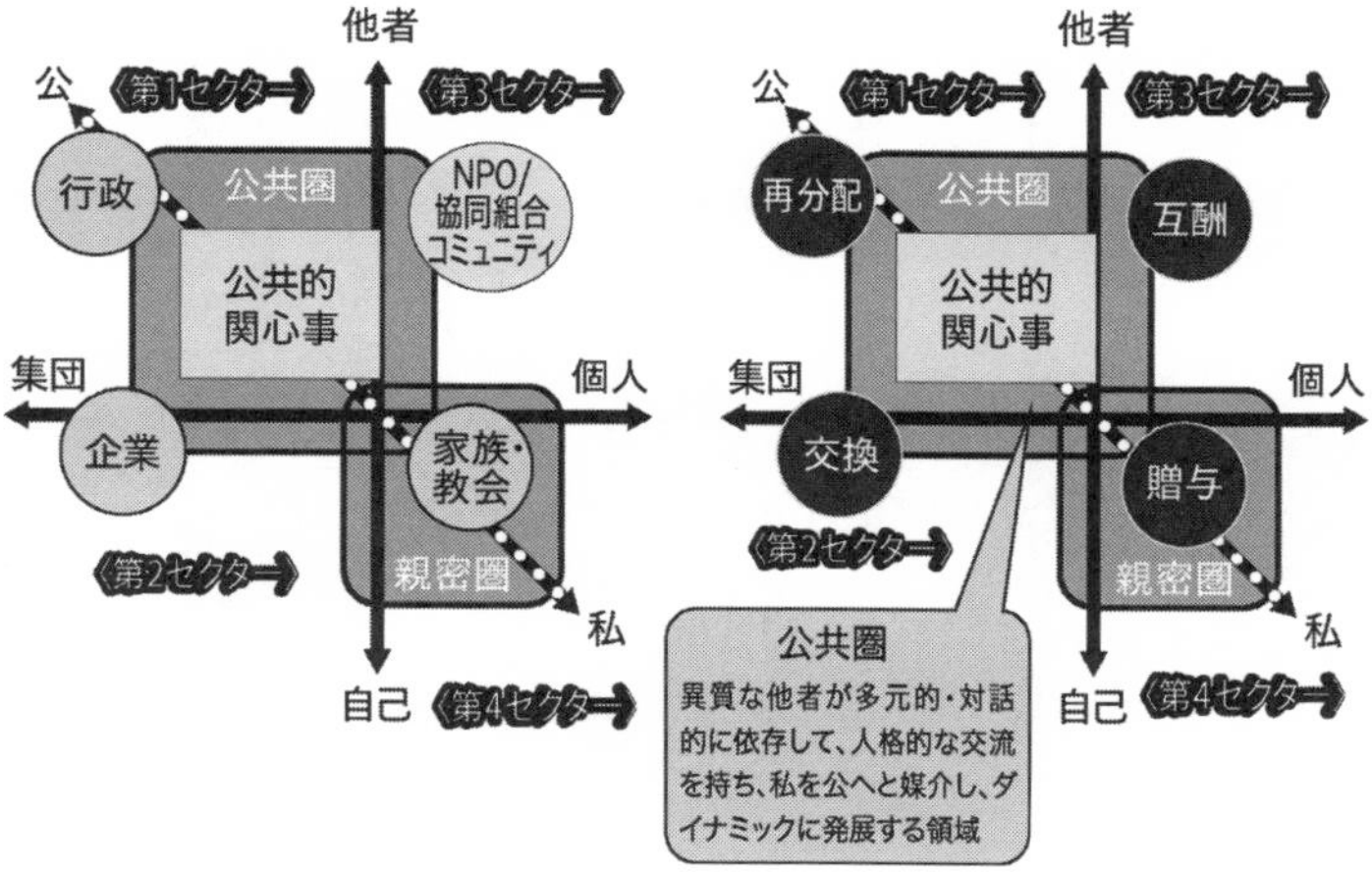

す（図1参照）。自然科学は主として世界1、人文・社会科学は主として世界2、3、宗教的内容は主として世界4と「心」との相互作用によって可能になります。

後述するように四セクター論（図2）はこの中の世界3をさらに詳細に表現したものです。また世界3には歴史的、経済的、法的、倫理的な意味の世界も含んでいます。したがって、前節で議論してきた原子核物理学の応用としての核エネルギーの解放の問題を以下のように理解できます。まず核エネルギー解放は世界1、2、3にまたがるだけではなく原発運用という行為は第1セクター（政府）、第2セクター（企業）に関係し、互いに複雑に絡み合った出来事です。しかも十九世紀までにはなかった問題なので世界3の歴史の開示過程の意味そして倫理的意味の世界が重要な役割を果たしています。それだけではなく十万年後の人類史に関わるとなると、これは神の摂理的な支配すなわち世界4のスピリチュアルな意味の世界と終末論、人間と人間が営む歴史の生と死と裁きに直面せざるを得ません。人間と社会の罪の考察はどうしても避け得ないのです。

こうした内容をより聖書の文言に沿って見ていきましょう。まず、創世記一章の六日目における人間創造の目的とは何なのでしょうか。

創世記一章二八節「生めよ、増えよ、地に満ちよ。地を従えよ。海の魚、空の鳥、地の上をはうすべての生き物を支配せよ（ラダー）」。最近の聖書学研究では「地を従えよ」とは農業を指しているという理解があります。[47] なぜなら人が土地に満ちる唯一の方法は、土地を耕して荒れた状態よりも多くの食糧を生み出させることだからです。ただし神は、人間が暴君のようにして他の動物を犠牲にしてまで「地に満ちる」ことは意図していません（同1・30参照、他の動物との共存）。

したがってひところはやったリン・ホワイトの「生態系の破壊はキリスト教に遠因がある」は間違いです。「支配せよ」は力づくの支配ではなく、配慮と憐みをもって「支配する」ことであり、むしろ世話する、ケアするという意味が正しいのです。「地の管理責任」を託されたということであります。

同二章一五節にあるように、神はアダムをエデンの園に置き、園を「耕させ」（アバド）守らせました。最近の聖書学研究では「守る」という言葉には、アダムが大地の世話をするという意味が含まれるとしています。[48]また耕す（英語の cultivate）は文化（culture）の語源であり、神は人間に被造世界での唯一の文化形成能力を与え、他の被造物をケアする役割を与えたのです（文化命令とケア命令）。キリスト教が脱原発の立場をとるのは明らかでしょう。何万年も続く放射能汚染物を地球に抱え込むようでは、とても「地の管理責任」や「文化命令」を果たしているとは言えないからです。生態系をケアし農業を大切にし、大地をクリーンに保つ責任が神から人に託されている、と。

そして、園のどの木の実からとって食べてもよいが、ただし中央にある「善悪の知識の木からは取って食べてはいけない」と命じられました。「取って食べると必ず死ぬことになる」からです。この謎のような言葉の意味をキリスト者は絶えず解き明かそうとしてきました。神からの命令または神との約束、ところが人はこの約束を守れなかったのです。蛇の誘惑ということなのですがその誘惑とはこうです「それを食べると目が開ける」「神のように善悪を知る者となる」（同3・4参照）。そもそも人間の文化形成は神から与えられた原義すなわち知恵、義、聖の範囲内で行われるべきでした。[49]それ以上に「目が開かれる」ことは自らと他の被造物を危うくすることです。しかし人はこの一線を超えてしまったのです。

「神のようになる」（同3・22参照）ことは善悪の倫理的内容と同時に認識論的意味もあると思われます。人間に科学的探究の知恵が与えられているのは共通恩恵のゆえですが、同時に「一線を超えない」でいるべき理由は被造者として有限であるからです。有限な人間が創造者である無限の神のようになるということ自体が認識論的逆説です。人間に創意工夫と工学的・技術的創造性が与えられているのは事実ですが、このときに倫理的規範が関係してくるのは明らかでしょう。人間に備わった先を見通す能力などたかが知れたものであり、歴史的な過去においての科学技術のレベルはこの範囲に収まるものでした。しかし二十世紀に入ってから事態は一変したのです。

アインシュタインやオッペンハイマーが「科学者の罪」を語る時、明らかにこの「一線を超えた」感覚を持ったのでしょう。人間文化のゆがみと混乱、修復不可能な事態が来ることが想定されます。「核エネルギーの解放」という知恵の木の実を知ってそれを技術化したとたんに致死的な毒性を持つ放射性廃棄物にさらされ、そのままでは「直ちに死ぬ」という自体がリアルに出現しています。またこの罪の結果は、科学技術のみが高度に発達し、しかもそれを支える人間の倫理的能力や政府の統治機能が脆弱になり社会が複雑化しているときに、そこから発出する悪が増幅して、収拾がつかなくなるということです〈これは日進月歩の生命科学、生成ＡＩ〈Chat GPT など〉についても言えることだ〉。

原発事故と原罪のメタファー

聖書に沿う記述はこうです。強烈なメタファーが働きます。まず罪の結果として「地はいばらを生えさせて」地を耕す労働を苦役に変えてしまった。この聖書的なナラティブを現代的に福島事故との関係で翻訳すると以下のようになるでしょう。

労働が喜びから苦役に変わるのは大地が放射能によって汚染されたという事実による、と。大地が放射能に汚染されたのは、原発が爆発して放射能が空中にまかれたからです。農業や漁業は第一次産業と呼ばれ、これら労働はあらゆる労働の基本形となります。もしその労働が喜びから苦役に変わるメカニズムが理解できれば、あらゆる形の労働もそれに準ずることとなるでしょう。

農業は大地を耕すところから始まる。人は太陽光の恵みにあずかり、実りの収穫に心をはずませながら耕そうとする。しかし大地は放射能に汚染されてしまった。労働は除染作業をまずやるところから始めねばなりません。しかもある程度除染してもまた雨が降れば木々に汚染した放射能が大地に流れ込んで染み込む。これでは際限がありません。したがってここでの農業は痛手を被ります。しかも川に入り込んだ汚染土や木の葉は川から海に流れ込みます。地下水が原発事故現場で炉心溶融を起こした核燃料デブリに触れて流れ出して、貯蔵タンクの汚染水としてたまっています。これを海洋投棄すれば今度は漁業が痛手を被ります。漁獲産物が汚染されてしまうと漁業労働は徒労に帰します。科学的汚染度は基準値以下であると主張しても、人間の社会生活から風評被害なるものは取り除けないのです。これを取り除く唯一の方法は日本列島から原発を廃棄することです。部分的にいくら「科学的」を装っても、やっていること全体がまったく「科学的」ではありません。原発の爆発事故は絶対に起こしてはならない。ダメなものはダメ、ならぬものはならぬ、ということです。この原則を破ってしまうと取り返しのつかないことになり、労働も喜びから苦役に変わってしまうということなのです。

さらに現実的にはこういうことです。炉心溶融を起こした事故現場から取り出すべきデブリの状況を把握することも、まだ完全にできていません。デブリの状況が分かったとしても取り出す方法は確立されていません。取り出したところで、保管場所の問題があります。最終的にどこへ運ぶのかも未定です。チェルノブイリのようにその場で埋めて石棺にすることもできません。地下水が流れていて止めることができないからです。福島第一原発を廃炉にして、更地にして再利用するということができないのです。百年かかっても千年かかってもできないでしょう。いわば進むのも地獄、引くのも地獄といった状態なのです。

誤解のないように付け加えますが、私は東電を悪だと言っているのではありません。電気の需要には応えなければなりません。電気を要求しているのは（東京に一極集中している）消費者ですから、結局は消費者にも原因があるのです。事故当時の菅直人元総理は次のように言っています。「原発事業はもともと国の責任で進めてきた国策の側面が強い。したがって、原発からの撤退も国が責任主体にならなければ実現しない。電力会社の判断に委ねていては進まない。国民に資金の不足がどのくらいになるのか詳細を明らかにし、その上で、電力会社の自主努力では不足する場合は、国の責任で廃炉費用の不足分を補うことも考える必要が出てくる[50]」。廃炉費用など天文学的数字になるでしょう。つまり、もはや処置無しということです。

原爆にしろ原発事故にしろ、人類文明があるところまで発展してきたところで、文明を営む人間の心に避けがたく巣くっていた罪と悪と欲望が頭をもたげてきた、もはやコントロールできないところにきたということでしょう。これは核エネルギーの解放のみならず、いわば近代文明と共に始まった病すなわち「私悪すなわち公益なり（private vices, public benefits）[51]」という〝資本主義の闇〟の罠に囚われた現象の積みかさね、その現代における日本的あらわれの一つにほかなりません。現代人はこの悪から逃れることはできず、もはや和らげることしかできません。[52]しかし構造化された悪は、もはや和らげることもかなわないところにまできているということです。

核の平和利用すなわち原発のように、人間がその知恵を使って人間に益をもたらせようとしたものがその反対の結果を招いてしまう、これはそれ自身が神学的テーマであります。パウロの「善を行いたいと願っている、その私に悪が存在するという原理を、私は見出します」（ローマ7・21）は、個人の生き方のみならず、共同体そして人間の文明にもあてはまっています。ここに聖書的な世界観が深く問われなければならない神学的な大きなテーマが横たわっています。

原罪がキリストによって贖われるということは、個人の救済においてきわめて重要です。しかしもしそこで止まっていると聖書的世界観は文明論に何の役割も果たしません。かつてキリスト教のメッセージが世界と歴史の動向を左右したのは、集合的文化に対して指針を与えたからです。日本のキリスト教はいま独自にこのテーマに取り組むべきです。つまり、創造から終末にいたる聖書的な世界観と文明の行先の中心にあることへの洞察です。

本書でテーマとしている「原発という核エネルギーの解放」は、この世界観の中でどう理解されるのか。神の共通恩恵は歴史的な科学発展の原動力でありました。同時に、共通恩恵は最終的にキリストを通した救済恩恵と密接に絡み合っています。つまり、共通恩恵は原罪の出現と同時に救済恩恵と別のものとして明らかになり、創造の目的に沿って人間の文明を導き、これを発展させる働きをしました。しかし、最終的に終わりの日にキリストによって判定されるのです。ただし、これはキリストによる最終的救済なのです。少なくとも聖書はそのように語っています。ここに単純な楽観主義はありません。科学技術の高度な発展が共通恩恵のおかげであると同時に、罪の中にある人間の悪が神からのたびたびの警告にもかかわらずやめようとしない時に、最終的にはキリストによる裁きによって判定され、救済恩恵と一つになるということです。黙示録一八章の「バビロンの裁き」がこれを象徴的に表していると解釈できます。

日本文化の悲劇とは何か。それは人類に原罪という債務があることの認識が弱い上に、今まさに日本列島が債務不履行に陥りつつあるという自覚が生じてこないということです。和魂洋才は完全に破綻しています。

個人の救いの問題ではなく共同体、特に日本型の共同体の問題をどう神学的に扱えるのか。日本社会の組織原理の特徴はタテ社会と言われます。ウチの結束は強く、ソトに冷淡。たびたび述べているようにムラ社会というわけですが、ここによそ者が入るのは至難のわざです。たとえば原子力ムラ、福祉ムラ、感染症ムラなどなど。

残念ながら日本のキリスト教会の場合も例外ではないようです。特に欧米から持ち込まれた教派がそのままタテ型のムラ社会となっています。その教派内のタテの交流については、たとえ地理的に離れていても強くあります。これが地域の他教派の教会とのヨコの交流より強いので、地域教会が地域固有の問題に突き当たったときに困難が出てきます。地域固有の問題をキリスト教的に解決しようとしても単独の小さい個別教会だけでは力が出せません。したがって、地域特有の生活に根差した問題解決にはどうしても教派横断的なネットワークと協働が欠かせません。これを神学的に解決するために、教会論と共同体論の日本に適合した展開がどうしても必要です。

次章ではまず共同体論について簡単に見て、次に教会論の新展開を考えます。日本の共同体のあり方が今日の日本社会の独特の風景を映し出しているからです。

1　仏教者としての取り組みについては『いのちを奪う原発』（真宗大谷派宗務所出版部、2002年）。また真言宗僧侶・中嶌哲演「《核のない社会》望見」富坂キリスト教センター編『原発と宗教』（いのちのことば社、2016年）所収。本書はキリスト者を中心に内藤新吾座長のもとで行われた「脱原発社会と未来世代」研究会のシンポジウム記録である。

2　朝永振一郎先生は筆者（稲垣）の青年時代に専攻した学問分野の大御所で、晩年に直接に話した経験もあるので思い入れが大きい。

3　J・P・ヴェルナン・吉田敦彦『プロメテウスとオイディプス ―― ギリシャ的人間観の構造』（みすず書房、1978年）。

4　朝永振一郎『プロメテウスの火』江沢洋編（みすず書房、２０１２年）50頁。

5　K・バード、M・シャーウィン『オッペンハイマー「原爆の父」と呼ばれた男の栄光と悲劇（上・下）』河邉俊彦訳（２００７年、ＰＨＰ研究所）はこの方面の重要文献である。

6　同書、上、347頁。

7　同書、351頁。

8　その詳細については日本人科学者の手によって１９９６年に書かれた次の本を参照のこと。藤永茂『ロバート・オッペンハイマー――愚者としての科学者』（ちくま学芸文庫、２０２１年）。

9　K・バード、M・シャーウィン『オッペンハイマー「原爆の父」と呼ばれた男の栄光と悲劇』下51頁。

10　同書、40頁。

11　同書、43頁。

12　同書、137頁。

13　藤永茂『ロバート・オッペンハイマー――愚者としての科学者』413頁。

14　同書、415頁

15　戦後日本占領のヘッドであったダグラス・マッカーサー将軍も「トルーマン大統領は自分に相談せず勝利目前に原爆投下したことで自分（マッカーサー）の手柄を台無しにした」という理由で原爆使用に反対していた。有馬哲夫『原発と原爆』（文春新書、２０１２年）43頁。またナチズムと西洋思想史における「神の国」の解釈の変遷との関係については稲垣久和『国家・個人・宗教』100頁参照。

16　K・バード、M・シャーウィン『オッペンハイマー　「原爆の父」と呼ばれた男の栄光と悲劇』下、138頁。

17　藤永茂『ロバート・オッペンハイマー――愚者としての科学者』267頁。

18　有馬哲夫『原発と原爆』39頁。また日本基督教学会第64回学術大会（２０１６年９月14日）シンポジウムでの澤村雅史氏（広島女学院大学准教授）発題参照。

19　朝永振一郎『プロメテウスの火』13頁。

20　すでに１９５５年には、米国のイエーツ議員が下院で日本に原発を供与する決議案を提案し、その中で原発核燃料から生じるプルトニウムを使用して日本で原爆を作る得る可能性も想定していた。有馬哲夫『原発と原爆』23頁参照。

21　朝永振一郎『プロメテウスの火』218頁。

22　〝原発マネー〟とは自治体財政を援助する名目で国から支出される①電源三法による交付金、②原発関連施設の固定資産税、③電力会社からの寄付金、などが主なもの。

23　新教出版社編集部編『原発とキリスト教』に寄稿している多くのキリスト者が言及している。

24　菅直人『原発事故10年目の真実』（幻冬舎、２０２１年）171頁。

25　今田高俊他著『高レベル放射性廃棄物の最終処分について』（公益財団法人・日本学術協力財団、

２０１４年）12頁。「核のゴミは、全国各地の原子力発電所の使用済み燃料貯蔵用プールに保管されているもの、フランスとイギリスに委託して使用済み燃料を再処理しガラス固定化にしたものを合計すると、２０１４年４月末時点で、既に約２５０００本分（ガラス固化体換算）に達する」。

26 同書、60～77頁。

27 石橋克彦『原発震災』（七つ森書館、２０１２年）28頁。

28 菅直人『原発事故10年目の真実』39頁以下参照。

29 https://rkb.jp/news-rkb/202303165273/

30 細野豪志著・開沼博編『フクシマ原発事故自己調査報告 ―― 深層証言&福島復興提言：２０１１＋10』49頁。

31 吉岡斉『原子力の社会史』（朝日新聞出版、２０１１年）29頁。

32 丸山康司・西城戸誠編『どうすればエネルギー転換はうまくいくのか』（新泉社、２０２２年）83頁。傘木宏夫『再生可能エネルギーと環境問題 ―― ためされる地域の力』（自治体研究社、２０２１年）71頁など。

33 菅直人『原発事故10年目の真実』83頁以下参照。

34 牛山泉『風力発電が世界を救う』（日本経済新聞社、２０１２年）98頁。

35 丸山康司・西城戸誠編『どうすればエネルギー転換はうまくいくのか』103頁。

36 山地憲治『エネルギー新時代の夜明け』（エネルギーフォーラム、２０２０年）第６章参照。

https://www.enecho.meti.go.jp/about/special/tokushu/denryokugaskaikaku/souhaidenbunshaka.html.　エネルギー自治、エネルギー民主主義の地域実践としては柏崎刈羽原発を抱える新潟県が先端的である。佐々木寛「エネルギー・デモクラシーの論理と実践ー《文明》転換への挑戦」岩波書店「世界」２０２０年1月号121頁。

37　山地憲治『エネルギー新時代の夜明け』62頁。

38　岸信介以来の自民党保守派の核兵器保有の意志については有馬哲夫『原発と原爆』参照。

39　新藤宗幸「制度としての原子力ムラ」富阪キリスト教センター編『原発と宗教』（いのちのことば社、２０１６年）101頁。また後藤秀典「『国に責任はない』原発国賠訴訟・最高裁判決は誰がつくったか」（新日本出版社『経済』２０２３年5月号）136頁参照。この論稿には最高裁判所、国、東京電力、原発関連企業、巨大法律事務所の間の人脈的つながりが書かれていて、今日の「原子力ムラ」の解体が「ほぼ絶望的」である理由もはっきりとうかがえる。

40　丸山康司・西城戸誠編『どうすればエネルギー転換はうまくいくのか』106頁。

41　A. kuyper, Common grace, vol. 2, Chap. 50

42　松谷好明『《ウエストミンスター信仰告白》歴史的・分析的註解』（一麦出版社、２０２３年）

43　『ウエストミンスター小教理問答』日本基督改革派教会出版委員会編（新教新書、２００１年）９頁。

44　P・ヘスラム『近代主義とキリスト教』稲垣久和・豊川慎訳（教文館、２００２年）、稲垣久和

『公共福祉とキリスト教』（教文館、２０１２年）など参照。

45　日本のカトリック教会による優れた原発論が出版されている。『今こそ原発の廃止を』（カトリック中央協議会、２０１６年）。ただしこれに一つの短いコメントをすると、本書176頁の「近代科学の誕生と共通善の忘却」の節における近代科学の誕生の扱い方である。つまり17世紀の近代科学誕生の既述が「スコラ哲学の否定により共通善を破壊した結果」としてきわめて否定的に評価されている（われわれが近代科学の誕生は共通恩恵の結果として肯定的に見るのと正反対である）。これでは医療の進歩をはじめ近代科学が人類に多くの恩恵をもたらしたことが適切に評価されない。その理由はここでは十分な議論ができないが、一点だけ記したい。背景には「自然と恩恵」の関係を含むカトリック神学の構造の問題があり、聖書的な共通恩恵（common gtace）ではなくギリシャ的な共通善（common good）を導入したこと、それによって人間の「堕落の意味」を弱めていることと関係していると考えられる。

46　詳しくは稲垣久和『生きる意味を求めて』（いのちのことば社、１９９４年）や『神の国と世界の回復』（教文館、２０１８年）第5章参照。筆者の四世界論と四セクター論は「公共圏における宗教の役割」についてＪ・ハーバーマスやＣ・テイラーらのポスト世俗化論との対話の中で構築されたものである。

47　Ｒ・ボウカム『聖書とエコロジー』（いのちのことば社、２０２２年）36頁。

48　同書、44頁。

49　稲垣久和「カイパー神学と信託の共同体形成」キリスト教社会福祉学会誌54号（２０２１年）24頁。

50　菅直人『原発事故10年目の真実』124頁。

51　稲垣久和『働くことの哲学』（明石書店、２０１９年）26頁。

52　ブランコ・ミラノヴィッチ『資本主義だけが残った』西川美樹訳（みすず書房、２０２１年）210頁以下。著者は「内面の道徳をアウトソーシングして外面的な法的規制にゆだねる」という表現を使って以下のように書いている。「だが驚くのは、人びとがたとえ法の正しい側にかろうじて踏みとどまるか、あるいは違法な領域に足を踏み入れたとしても、自分たちはできるかぎり道徳に沿ったやり方で何もかも行ったのだから、やれるものなら自分たちを捕まえて法を破ったことを証明してみろと開き直ることだ。何が道徳に沿って何が反しているかといった自らの信念による内なる歯止めなど、いっさい効いていないかのようだ」（214頁）。

第三章

なぜ日本の共同体にキリスト教が必要なのか

1　現代日本の風景

元首相であった人が、白昼に、それも選挙運動の最中に銃殺されてしまった。先進国で治安もよいと言われた国で、隠蔽化した社会不満がこんな形で暴発する国は他にありません。欧米先進国でもいわゆるポピュリズムと国の分断化は深刻な現代の病弊です。ただ、現代日本の特徴はそれが大きなデモや、場合によっては警官隊が出動するような派手な騒動にはならないことです。大衆的不安が左右のイデオロギー対立にも発展せず、むしろ若者を中心にあきらめからか、全体的には保守化しているのが現実です。安倍元首相が保守を体現する政治家だっただけに、銃殺犯人は左翼思想の体現者であったかと思いきや、その動機はまったくそうではなく、「宗教二世」と呼ばれたカルト教団との深い関係でありました。これまで語ってきた日本の危機は大衆の内面に心の闇ないしは宗教性のようなところに鬱積しているようです。それは旧統一教会というカルトとの関係であらわになりました。

一九九五年のオウム真理教による地下鉄サリン事件が起こって以後は、この旧統一教会問題はマスコミからも消えてしまいました。その後の霊感商法や合同結婚式など奇々怪々なニュースはおよそ政治とは関係ないと思われていました。それがこの機に及んで元首相の殺害事件をきっかけに一気にマスコミの話題になり、それだけでなく一九五〇年代の岸信介政権と自民党政治の深部にまで入り込んでいたというから驚きに絶えません。単に政治団体が票集めのためにカルト教団を利用してきた、といった類の話ですませられる問題ではありません。現代日本のスピリチュアリテイの闇の領域に突き刺さった問題です。

日本の政治のもう一つの特徴は、毎夏八月十五日の敗戦記念日を迎えて、保守政治家たちの靖国参拝など例年繰り返される〝政治儀式〟で、これも相変わらず国際的批判の的になっています。これらの一連の政治がらみの出来事などを総合的に見てみると、ある重要な問題点に気が付きます。この問題はまさに日本の国民性の根底にあるアニミズム的世界観と結び付いた出来事だったということです。

筆者（稲垣）は『靖国神社「解放」論』（光文社、二〇〇五年）を書いた時に庶民の祖先崇拝（祖霊崇拝）の上に、いわゆる非業の死を遂げた戦没者を祀《まつ》る靖国神社、これが国民儀礼として国家の側からつくられてきた構図を指摘しました。本来は息子や父を失った遺族家庭が苦しみの中にあったわけです。しかしながら、家族が戦没者の遺骨をたとえ断片でも地方の墓に埋葬しても、依然として霊魂は九段の神社に護国の神として祀られる、というのが日本的な物語の特徴です。明治近代になって国民統合のためにつくられた神話的物語でした。そうであるから靖国代替案としては、市民サイドからの国立追悼施設建立しかないと言ってきました。千鳥ヶ淵墓苑はその有力な候補であったのですが、その後の政権はその問題を解決する気がないまま安倍政権的な強い保守色に回帰し、国民もその雰囲気、特にメディアに操作されて今日まできてしまっています。戦後リベラリズムの盲点でありました。

旧統一教会の霊感商法の犠牲になった子どもたち（宗教二世）も、靖国思想にからめとられた戦没者遺族も、もとはと言えば家族内の問題でした。本来は家族内の親密な愛情に基づいた人間関係によって受け止められる課題であったはずです。

そもそも「あなたの不幸の原因はご先祖様が地獄で苦しんでいるので、この壺を○百万で買えば救われ、あなたは幸福になる」といった類の物語を、また、「国家の戦争犠牲者の霊は天皇親拝によって癒やされる」と言ったイデオロギーを〝信じる〟行動様式は、単なる宗教心ではなく国民性をおおっているアニミズム的世界観そのものです。柳田国男の『先祖の話』（一九四六年）は、日本人が死霊（祖霊）と一緒に生きていることを描き出した民俗学の名著でした。日本人のカミ観、すなわち神道だけでなく人間観も自然観もアニミズム的であり、それゆえにアニミズムは日本文化の世界観そのものの半面なのです。

一見すると近代化された日本ですが、その思想の根底にアニミズムがあり、イエ、ムラ、クニの三重にわたっている。そして表層部分は近代化されてはいても、根においては原理原則に基づく思考と行動を嫌う日本人性、例えば同調圧力、長いものには巻かれろ、タテ社会の人間関係、甘えの構造等々を生み出している。日本的世界観はアニミズム的である、これは筆者自身が得たこれまでの公共哲学と神学の研究の結論でした。存在論、認識論、倫理学のレベルの幾つかの著作でこれを書いてきました。

最近『日本人の救済理解』[1]という本が出版されました。筆者の研究歴前期の英文の研究論文や著書がコア思想として引用されています。ただ、同書著者は筆者のこの二十年の公共哲学的著作は参照していないので、政治哲学や経済哲学に踏み込んでいません。それでも日本人の宗教観やキリスト教神学との接点（著者はドイツ人宣教師で二十年の日本在住経験がある）の叙述はそれなりに正鵠を射ています。本書の副題が「日本的アニミズムの文脈における救済論」となっているとおりです。

「アニミズムは未開の世界観である」という進歩史観に基づいた偏見は捨てるべきです。日本のようにいち早く西洋文化を吸収できた先進国には、独自の長い歴史の中で造られたれっきとした世界観があるのです。仏教も日本仏教は核のところでアニミズム化されています。ただし、人間関係、政治哲学の上では日本の儒教（儒学）は比較的よい影響を与えました。こういった世界観が保守政治家の政治哲学をも支配し、国際政治的な影響力にもなるということにほかなりません。

国内政治も原発再稼動も含め、その場しのぎ、行きあたりばったり、将来への計画性のなさ等々が目立ちます。これも一口でアニミズムと呼んでよい思想性です。国民性の中枢に背骨のようなものがないのです。筆者たちは、国民に原理原則のある生き方を与えるのは聖書的なキリスト教世界観しかない、こう信じています。

戦後もアニミズムは続いているのですが、社会観において近代的変化はあります。日本社会の組織編成の特徴は、多くの所で権益を守るためのタテ型のムラ社会を作ることにあります。戦後は戦前のクニに変わったのがカイシャであり、これがムラ社会です。国家への忠誠の代わりに会社への忠誠に変化しました。特に高度経済成長期の日本の社会構造がこれです。サラリーマンは会社への忠誠心が強く残業などいとわないし、会社側も福利厚生など手厚くしていました。基本として妻は専業主婦で子どもの面倒をみる、老親の介護を引き受けるという勤労家族が典型でした。ここでも家族、特に女性は戦前とは別の意味で犠牲になっていました。筆者も『公共福祉という試み』を書いた時に日本型福祉国家の中身として論じたところです。[2]

2　教育の崩壊

この高度経済成長期の日本の社会構造は「教育」という観点からも大問題でした。夫は残業、残業で子どもの教育に時間を割けない。父親不在の家族観となってしまい、子どもの人格形成に影響しますし、逆に母親は専業主婦となり夫の協力が得られない分、教育ママとなって子どもの尻を叩いていい学校、いい会社に送り込む役割になってしまったのです。学校は学校で本来の子どもの人格教育よりも受験主義になる。当然すべての学校が受験主義になれませんから、そういう場合は経済的余裕のある家庭では塾通いをさせる。そして、念願のいい学校・大学に入ってからはどうなのか。卒業して就職の際には、これまた日本社会の独特の構造で、今度は卒業時一括採用で会社に入ります。そこで忠誠を尽くして働き、リストラなどない終身雇用されるシステムでした。日本の戦後の高度経済成長は、このような労働・教育システムによって支えられました。家庭→学校→会社の一方向性があり、さらに最後の会社は夫たる男性社員に終身雇用の賃金補償をするという意味で最初の家庭につながる。いわば家庭、学校、会社が閉じたトライアングルを作っている。こう見なした上で、子どもの人格発達への影響を論じているのが教育社会学者の本田由紀氏です。[3]

バブル崩壊で経済成長が止まり、いわば失われた三十年も経つというのに、右のような閉じたトライアングルに縛られたままでいる。その日本社会のゆがみは子どもの人格成長のみならず日本人の性格形成に多大な影響を及ぼしています。学校は学校で教員数が限定され、教師の過重労働が社会問題になっています。生徒は生徒で暗記中心の詰め込みについていけず、いわゆる落ちこぼれがたくさん出ることになります。

日本が国際比較で生活満足度・幸福度・自己肯定感の指標が低い、女性の活躍・ジェンダーギャップの指標が世界最低レベル等々、よく引き合いに出される特徴があります。これに加えて、本田氏は高校一年を対象にしたＰＩＳＡ（ＯＥＣＤの生徒の学習到達度調査）の二〇一八年調査において「生きる意味」についての意識の国際比較の指標をあげています。なんと「科学的リテラシー」ではトップレベルの日本が、調査した七十三か国で最低です！「自分が生きている意味を見出せない」という若い層の人間観の基本のゆがみは驚くべきことです。かつて自殺率も世界有数に高かったこととも関係している指標であり、民衆に「生きる意味」を与えられない日本のキリスト教会はその存在意義が問われています。

もはや日本の労働システムは世界の水準から遅れ、賃金も先進国では最低のレベルまで落ちています。その家庭――学校――会社の閉じたトライアングルが負のスパイラルをつくり、人間観が大きくゆがんでいます。これを正のスパイラルにするにはどうすればいいのか。何よりも家庭、学校、企業に固有の役割、固有の主権があることに目覚めるべきです。筆者たちのアイデアはそこに教会（有機体的教会）を加えて四セクターとする（そのような教育に重点を置いた教会もごく少数ですがあることについては第五章参照）。企業（第2セクター）、学校（第3セクター）、家庭・教会（第4セクター）という分類です。そして政府（第1セクター）にも、もちろん固有の役割がある。戦前と高度経済成長期にあった権力装置ではなく福祉装置となるべきです。政府を権力介入ではなく福祉介入とし再分配機能に徹する。そして企業は働き方改革を断行し、労働者をコマではなく人格と見なし、異なる能力を互いに相乗効果させながらタテ社会からヨコ社会へと変革させること。これは協同労働[4]の発想に近いものです。

四セクターの真ん中に公共圏を明確に確保しない限りは、日本では人間の尊厳を中心にした満足度の高い社会は作れません。日本は戦前の中央集権制から、戦後に民主主義の国に生まれ変わったという評価が自他共にあります。[5]日本国憲法の基本的人権の尊重と国民主権はその証し、と言いたいところでしょう。しかし単に選挙に行くこと、つまり代表者にお任せすることだけが民主主義なのではありません。実際、すでに若者の半数は選挙にも行かなくなっています。一人一人が異なる人格として意見を戦わせながら合意点を作っていく、そういった討議（闘技）場を確保しないと民主主義は作れないのです。

経済の面も大事です。放射能汚染水の海洋投棄のところでも触れましたが、「社会的共通資本」という考え方が宇沢弘文（一九二八年～二〇一四年）によって出されました。それは新古典派経済学に見切りをつけて制度派経済学に依拠しつつ導入した概念でした[6]。そして、そこで信託（fiduciary）の重要性を強調したとはいえ、なかなか人々に浸透しませんでした。学校そして教会は社会的共通資本の一つ、制度資本そのものです。いま私たちは神学的な共通恩恵の視点から日本の倫理・道徳の伝統を踏まえて隣人愛、慈悲、仁の心を発揮していくところにこそ日本での社会的連帯経済が盛んになっていくと考えるのです。そのようなモラルの中心に教会がなるべきではないでしょうか。こういったことを聖書的世界観との関係で説明していきましょう。

3　キリスト教世界観からの日本社会の見方

ここで一息入れて、今までの論旨をゆっくりと反芻する意味でも、対話形式にしてみましょう。

水山：稲垣先生は、この章で、日本には、将来の計画性が無いということを指摘されました。それをアミニズムというふうに表現をされています。アミニズムは、定義も広く、また様々な状態をもたらす考え方です。ここでは、どのような状態をもたらすものとして、使っていらっしゃいますか?

稲垣：私は、日本のアミニズムを、原理原則が無く、行き当たりばったりな状態をもたらす思想として使っています。われわれキリスト教徒を含む一神教とアミニズムを対比すると理解しやすい。一神教の世界観には、神が作られた世界の法則性を表す自然法という概念が議論され続けてきました。社会・人間を規律する法則です。この自然法は、十七世紀以降の近代科学の発展の中で、自然法則という名称でさらに議論が進みました。社会科学、人文科学では、道徳法として訳すこともあります。社会に、共同体に規範があるということです。一方、アミニズムには規範が無い。

水山：仏教の基本概念の一つに万物流転があります。六道を経て、生まれ替わりながら、全てが移り変わる、という。一方で、山川草木悉皆成仏という、魂の無いものでも成仏するという本来の仏教とは、根本的に相いれない概念も、日本仏教の中から生まれています。融通無碍《ゆうずうむげ》とも言えるし、はっきりしない、とも言えます。一方、キリスト教では始まりがあり、だけど原罪を犯してしまい、それに対して神から共通恩恵が与えられ、その後、色々なトライアルがあったけど、十字架で頂点を見て、終末へと向かう、という一つの物語が一貫しています。そして、そこには、神の計画、意思、という背骨がある。

稲垣：そう。日本的な、悪く言うと、行き当たりばったり、それとキリスト教の物語は異なる。もう一つの違いをあげてみます。キリスト教の世界観の基調には、人格という概念がある。特にイエス・キリストという人格を中心にキリスト教の物語がある。人格があるということは、呼びかけ、そして応答、そこに責任が生じるということです。

水山：なるほど。人格が見えない、ということは、原理原則が無く、応答責任も曖昧になってしまうということですね。今回の津波が来る前にも、東京電力内では大きな津波が来る可能性があるという事は言われていたようです。他の電力会社の中には、対策をした会社もあったようですが、「The 日本」ともいうべき、東京電力では、まだ大丈夫だろうと先送りをしていた。これは、顔の見えない組織であり、人格が見えない、したがって、応答責任も見えない、ということかもしれませんね。また、キリスト教のどこかで終末がある、かつそれがいつかは分からない、だから、神への畏れを持って、応答をしていかなければいけない、というわれわれの世界観とは相反するものです。

稲垣：そう、この人格の責任の問題。そして組織としての責任の問題、アカウンタビリティということは、分かりやすく出てきた事象です。こういった状況に対して、われわれは、キリスト教の世界観から見ると、どうなのか、ということを神学しなければいけない。ここで、一つ質問をしたい。日本政府は、東京電力を破綻処理に向かわせなかった。また、原発の再稼働をなし崩し的に行おうとしている。この二つは、経営学の視点ではどのように見えるのでしょうか？

水山：東京電力の破綻処理と比較ができるものとして、リーマンショック時のＡＩＧをあげさせてください。

二〇〇八年のリーマンショックは世界中の金融機関、そして多くの事業会社を巻き込んだ出来事でした。今から振り返ると、最大の出来事は、世界最大の保険会社であり、最大規模の資産運用会社だったＡＩＧをどうするか、という問題です。アメリカ政府は、一晩にして、十兆円を費やしてＡＩＧを国有化し、資産を分割することを決めました。救済と言われていますが、要は破綻処理の一形態です。十兆円の赤字を記録し、五十兆円もの最大損失の可能性があると言われる中で、アメリカ政府が乗り出した理由は、金融システム全体を揺るがす出来事であり、放っておけない、ということです。アメリカ政府はＡＩＧを国有化したあと、グッドカンパニー・バッドカンパニーに分けて処理を進め、早期に回復させました。

でもそれだけでしょうか？

東京電力の福島原発の出来事は、日本の発電インフラそのものを根底から揺るがす出来事でした。国をあげて推進をしてきた原発をどうするのだ？　もし、全ての原発を動かせないということになれば、一気に原発関連の資産を減損処理をしなければいけないない可能性が出てきます。そうすると電力会社は軒並み巨額の赤字に転落し、融資をしている銀行も巨額の損失を出さないといけない可能性があります。また、電気代の大幅な上昇も起こり得ます。東京電力は一兆円以上の赤字を出しました。福島原発の後処理費用は二十兆円と想定されました。こういった中で、日本政府は、東京電力の破綻処理は行わず、「ゾンビ企業」として、ずるずると先送りをすることになりました。

ＡＩＧの方が東京電力よりも、お金の規模で言うと大きいです。この違いはなぜ、生まれたのでしょうか？　どちらが上手・下手というよりも、世界観の違いを、私は見ます。ＡＩＧの事例の場合からは、「裁き」があったというふうに考えます。一方、東京電力の事例からは、全ては移り変わっていくのだから、先送りをする中で、時間が解決していく、という考え方を見ます。

経営学で言う「意思決定」には、三つの答えがあります。「やる」「やらない」「今は決めない」です。ただ、最後のものは「今は決めない、だけど○○になったら××と決める」という条件が必ずつくのです。われわれのキリスト教の世界観では、終末・裁きは来ます。さらにそれは、いつ来るか分かりません。であれば、常に備えている、というのが必要な考え方になります。これは、日本的な、終わりの無い万物流転の時を生きて、具体的に決めなくても、時間の流れに吸収をされていく、という考え方とはまったく異なります。

でも、この日本の考え方では、今、われわれが見ているように福島に、そして各家庭の電気代に負担をかけながら、問題を隠しているだけになってしまっているのです。

原発の再稼働も同じかもしれません。議論をほとんど行わないようにしたまま、なし崩し的に再稼働が始まってしまいました。
ここに、やはりわれわれはキリスト教の世界観を、弁証しないといけないと思います。

稲垣：なるほど。確かに世界観の違いから説明できるし、重要な視点だと思いますね。でも、具体的にどうするんだ、というと難しい。欧米の真似を日本がすれば良い、という話でも無いと考える。欧米の神学を輸入しただけで、日本に十分に根付いていないキリスト教の現状が、もうすでに物語っている。日本の状況を踏まえた、日本独自の神学の営みが必要なのでしょう。
キリスト教の大きな物語をもとに、日本の色々な状況に対して、具体的に向き合い、発信をしないといけない。それが一パーセントという状況を変えていく道の一つではないか。

水山：はい、その切り口はどこにあるのでしょうか?

稲垣：日本にも良心的な人は結構いる。科学者の中にも、市民の中にもいる。一つ事例をあげたい。浄土真宗の人たちの、原発の実態をめぐる書物を読みました。原発、福井県若狭湾にある十三基の原発の労働者、下請けのまた下請けの実態についてインタビューしたり、事例をあげたりしている書物です。非常に良心的な内容の書籍であり、発信でした。こういった良心的な人がいるということは、共通恩恵の働きの結果です。浄土真宗なのかどうかは、重要な論点ではない。神の像（かたち）に造られた人間ということです。こういった社会の実際の現場に関わっている人たちとの協働作業というのは、一つの切口になるのではないでしょうか。

水山：その時に、各地域教会は、どのように考えればいいのでしょうか？

稲垣：地域教会が、地域の良心的な市民との協働作業を行うというのは、神の国の前進に含まれています。その対話の基盤が共通恩恵です。従来のタイプのキリスト教徒は、そう考えないのかもしれませんが。

水山：そうでしょうか？　死後の救いのことだけではなく、教会共同体が、今の世に対して、どう接するべきかを考えている人たちもいるのではないでしょうか？

稲垣：確かに。ただ、日本のキリスト教史の中で、「この町、この村、この都市、この職域」に私たちの教会があるのはなぜだろうか、という問いを重ねてきた教会はあまり見たことがない。

水山：もしかすると、日本の教会から出てくる社会、政治、というのは、すぐに国政の話、軍隊の話などになるからかもしれませんね。それも重要かもしれないが、それよりも、自分たちの教会がある「この地域」をまずは考えてみてはどうなのだろうか、という問いかけが最初に必要なのかもしれませんね。稲垣先生がおっしゃるとおり、「何で、この場所に私たちの教会はあるのだろうか？」という問いを考えるということでしょうか。

稲垣：そうです。それを考え、解釈し、翻訳して、実際の社会に繋がることが必要ではないでしょうか。その考え方をまとめたのが、四セクター論というコンセプトです。

水山：四セクター論というコンセプトは、教会だけではなく、俯瞰的に社会を捉えることによって、今の教会ができること、踏み出す第一歩を導く現実的な考え方です。
稲垣：そう、その空間軸と同時に時間軸も日本できわめて重要です。そこでまずは時間発展としての歴史、そして次に教会が社会の他のセクターとどう関わり、公共圏に資するのかという考え方、これを事例研究の章で見ていきましょう。
水山：はい具体的な事例も、少ない数ですが、紹介をしていきます。

1 Martin Heisswolf, Japanese Understanding of Salvation — Soteriology in the Context ofJapanese Animism. 2018. Langham Global Library. https://langhamliterature.org/japanese-understanding-of-salvation
2 稲垣久和『公共福祉という試み』（中央法規、２０１０年）123頁。
3 本田由紀『日本ってどんな国』（ちくまプリマー新書、２０２１年）231頁
4 「協同の発見」２０２３年2月号の筆者の巻頭言参照。一般社団法人・協同総合研究所発行。
5 例えばラリー・ダイアモンド『浸食される民主主義 — 内部からの崩壊と専制国家の攻撃』市原麻衣子監訳（勁草書房、２０２２年）。
6 稲垣久和・土田修『日本型新自由主義の破綻』（春秋社、２０２０年）213頁以下参照。

第四章　公共神学の提唱

1 「神の国」の歴史的背景

私たちはすでに自然科学との接点となる神学について記してきました。以下で少し歴史学や社会科学と神学との接点を書いていきましょう。

その前に、このように他の学問と切り離さない神学のアプローチを改めて公共神学と名付けたいと思っています。これは共通恩恵の発想があってこそ可能になる神学です。従来の神学は個人レベルでの救済恩恵を中心に展開されてきたので、文化や文明の発展を十分に考慮できませんでした。というのは、救いとは、伝道者によって神を伝えられた人がそこから信仰に導かれることです。しかし同時に、救いは神の選びによることです。もし個人の救いが文明のタイプの違いに左右されるようであれば（例えば西欧文明に限定されるようであれば）、あらゆるところに働く永遠・不変な神の正義と公正さに反してしまうからです。ところが共通恩恵は文明と歴史の中で、個人の「罪」の現れ方が違う各国の文化の中で、その「罪の抑制」とその文化の善きものの保持を支える神の恩恵です。

公共神学は共通恩恵の神学であり、公共圏における異質な他者や文化との対話のための神学です。したがってクリスチャンが少数でも教会が小さくても、聖書の学びさえしっかりしていれば可能な神学です。公共神学は救いを確信したクリスチャンが公共圏の中でノンクリスチャンと共に協働して神の国の進展を目ざします。共通恩恵はもちろん聖書にある考えですが、神学としての萌芽はすでに十六世紀の宗教改革者ジャン・カルヴァンに現れており、特に「教会と国家の分離」の神学を生み出しました。カルヴァンは神の国（キリストの王国）が地上に入り込んでいることを述べて、しかし「キリストの王国をこの世の要素のもとに求めたり、そこに含めたりすることは、ユダヤ的な虚妄である」ときっぱり言った後に、次のように語っています（『キリスト教綱要』4・20・2）。

しかしながら、われわれがこのような区別を立てたのは、政治上の原理がことごとく、キリスト者と何ら関りがないほど汚らわしいものだ、と見なすためではないのである。……神の御旨は、われわれが真の祖国をあこがれている間は、地上を遍歴する身であり、また、地上の遍歴にはそのような（統治上の）助けが必要だということである。

教会と国家が分離されても主権者は神です。神の統治上の領域が異なるという意味です。それは社会の他の領域にも言えることであり、私たちは神の統治の社会領域を四つに分けて、これを四セクター論と呼んでいるわけです。

四セクター論の歴史的変遷

さて、ヨーロッパも日本も十六世紀までは第3、4セクターが主であり、第1、2セクターが従でありました。それが近代以後に第1、2セクターが「主」になり、第3、4セクターが「従」に〝変遷〟を遂げます。その間に近代国民国家が成立し、第2セクターの「交換」概念が大きな成長を遂げるからです。貨幣による交換（＝市場）の上に、さらにその上に乗って商業資本主義が、次に第1セクターすなわち中央国家政権との協同によって産業資本主義が成立します（ヨーロッパ世界経済システムの成立）。例えばカール・ポランニーの『大転換――市場社会の形成と崩壊』は、イギリス近代黎明期のチューダー朝からスチュワート朝期を例にして次のように説明しています。

職人条例（一五六三年）と救貧法（一六〇一年）が一体になって、いわゆる「労働法典」と呼びうるものをつくりあげていた。しかしながら、救貧法は地方ごとに管理されていた。つまり、すべての教区――きわめて小さな組織単位であった――には、労働能力のある者に仕事をさせたり、救貧院の維持、孤児や困窮している児童の徒弟訓練、年寄りや病弱者の世話、および貧民の埋葬などについて独自の規定があったのである。そしてどの教区にも、救貧税については独自の税率があった。[1]

教区とは教会の地方組織のことであり、当時の「神の国」の現れです。十六世紀以来の英国の歴史に出てくる囲い込み運動（エンクロージャー）、これで追い出された〝土地なし農民[2]〟がいました。彼らは、エリザベス救貧法（一六〇一年）のキリスト教会の教区ごとの施行（第4セクター）によって飢餓を逃れることができました。また右の引用に〝徒弟訓練〟といった表現がありますが、これはギルド的な労働形態（第3セクター）であっても、教区といったいわば地域コミュニティとの連携（すなわち第3、4セクターの協働）があったということです。こうしてやがて産業革命を迎えるわけですが、十九世紀になるとヨーロッパを越えて世界大に競争的自由市場が成立します（第2セクターの台頭）。そして民衆に貧困問題が顕著になるのは産業革命後です。それ以前には、むしろ民衆の暮らしは飢饉や疫病の時を除けば比較的に安定的に貧困なしに成り立っていたことが分かります。

いずれにせよ十七世紀までのヨーロッパは、自己―他者軸の右側の第3セクター（地域の封建領主とギルド的相互扶助）、そして第4セクター（キリスト教会の教区）が社会にあまねく行きわたり、逆に、左側の第1セクター（国民国家）、第2セクター（市場的資本主義）はきわめて弱小でありました。ところが近代への変遷のなかで歴史のプレーヤが交代し、特に十九世紀の自己調整的な世界大の自由主義市場の出現により形勢は逆転したのです。[3] 第1、第2セクターが徐々に巨大化した。それに比べて第3、4セクターは弱小化するのです。今日の新自由主義とは、この第1、第2セクターの融合が公共圏を徹底的に占有した政治経済の究極的現象です。したがって、今日の国際的な社会的連帯経済の運動とは、特にヨーロッパの場合、この第3セクターの復権の試みだということです。

日本での「第3、4セクターの協働」はどうであったのか。実は、中近世以来、キリスト教ではなく仏教による相互扶助システムがありました。[4]これを私たちは、以下のように共通恩恵の現れとして評価します。旧い所では七、八世紀にまでさかのぼる民衆組織がありました。[5]これらは無尽講、頼母子講、結講などと呼ばれていました。無尽講の「無尽」とは「尽きることがない」「制限のない」資源を意味し、仏教に由来している言葉です。[6]江戸期になると、地方には支配層の武士がいなかったので農民は比較的自由であり、いわゆる自治村落ができました（これが農協のルーツになる）。[7]伊勢講は神道ですが、江戸期には全国的に栄えました。仏教、神道、新宗教とも、地域での講を作りつつも実体経済の範囲内での相互扶助的な市場経済を促しました。[8]ただし、ヨーロッパのキリスト教会のような政治権力にも抵抗できる宗教組織が生み出されることはなく脆弱なものでした。「宗教、権なし」（134頁参照）と表現される日本思想史の特徴です。さらに、明治期の近代化以後は急速に全国的な中央政権からの資本主義化が進められ、物質的繁栄と共に地域の第3、4セクターは弱体化したのです。こうして遅ればせながら日本でもプレーヤーの交代が起こったのでした。

この交代期に大正・昭和期の賀川豊彦の「神の国」運動が関わるわけです。これは民衆のための下からの運動です。何よりも急速な産業化と資本主義化の犠牲となった貧民救済から出発したものであり、それ自身、十九世紀的な自由主義的資本主義への対抗概念でありました。したがって、賀川は意図していなかったとしても、ヨーロッパで自由主義的資本主義が成立する前に、中近世キリスト教共同体がもたらしていた安定した庶民の生活、ある意味では「神の国」の成就、その復権を目ざした運動が、日本の場合に過去の講などの伝統を生かした賀川の「神の国」運動に他ならなかった。このようにも解釈できるでしょう。

ただし日本でも、キリシタン宣教時の十六世紀に「神の国」の発想がなかったわけではありません。

キリシタンと「神の国」

西洋における共同体形成はキリスト教会の発展と深い関係がありました。南欧、西欧、北欧、米国で違いはあるとは言え、いずれも西方教会の伝統に根ざしていました。[9] しかし日本での共同体形成は歴史的に神道や仏教と深い関係がありましたし、今もあります。日本の歴史で十六世紀になってのキリシタン伝来の前にすでに神社や仏閣は庶民の生活に入り込んで、約千年にもわたって日本人の共同体形成に深く影響しました。

賀川豊彦は「神の国」運動をしていく中で日本の伝統にも食い込んでいきました。戦後すぐに書いた『東洋思想の再吟味』の中で、中江藤樹（一六〇八年～一六四八年）の『翁問答』を取り上げています。藤樹は江戸前期に内面的な道徳において、超越神の概念をもっていて、これを儒教の中で生かそうとした民間儒者です。次のように書いています。「藤樹は、実践道徳を無視しなかったが、神からきた良心を離れての単なる道徳は無意味だと考へた。この良心の琢磨は、宇宙の父なる神に対する心尽しと、精神生活の修養とによってのみ達せられる。神を宇宙の父といったところに、中江藤樹が孔子学派と違ってゐる点がある」[10]。

「宇宙の父なる神」という表現からも明らかなように、儒家の藤樹にはキリシタンとの接点がありました。ただ、すでに幕府から禁教令（一六一二年）が出ている時代にそのキリシタンからの影響を公にすることは生命の危険を伴っていたのです。この点は和辻哲郎の『日本倫理思想史』が学術的に詳しく書いています。そこでキリシタンの「神の国」思想と当時の儒教や神道、仏教との関係に視点をおいて歴史を見る、という目的で和辻倫理学から見ておきます。

和辻倫理学の全体的評価は本書の目的ではありません。天皇の持つ意味を重視していた和辻が、そうであるにもかかわらず、歴史の事実としてキリシタンへの高い評価をしていたことに注目したいのです。そして、キリシタン時代の「神の国」運動の挫折が、今日にまで至る日本における公共性の倫理的・精神的阻害要因であること、かつ民衆の「滅私奉公」の体質の遠因となっていることが示唆されてもいるからです。

以下は、一般的には異教文化でキリスト教とは無関係と見られがちな日本の歴史の側面です。しかしこれを、共通恩恵の具体的な適用として評価する公共神学の試みであります。プロテスタントは聖書を重視するからカトリック宣教を評価できないというのも偏狭な発想です。そもそも問題が起こり始めた当時のヨーロッパのプロテスタント側に世界宣教への余裕などありませんでした。問題は創造者なる神が異教文化と呼ばれる中にも、人間の生命を保持し罪を抑制する文化を営ませる働きをしていたことに注目して、日本宣教はどうあるべきかの指針を得ることです。

キリシタンの盛衰――公共性が育たない遠因

キリスト教の布教そのものは日本の十六世紀、戦国時代の価値の混乱期になされました。そして、日本の倫理・政治思想に大きな影響を与えたということに注意しておきます。教えそのものというよりも、同時にもたらしたヨーロッパ文化が乱世統一期の織田信長の進取の気性と相性がよかったようです。そのことから、キリシタン宣教師は彼によって庇護を与えられました。信長は比叡山焼き討ち、本願寺との対決など全国制覇の過程で、仏教勢力の排除のためにもキリスト教布教を利用しました。そのことも手伝って、キリシタン大名の高山右近や大友宗麟など何人かの有力大名の輩出を促しました。興味深いことに、それが、間接的に、道徳心に基づく統治の概念を日本思想に与えることともなりました。

宗麟は豊後の国を「神の国」とする夢を描いていたほどでした。その「統治」が内面的なものにとどまれば問題は発生しなかったのですが、しかし内面から外面へと全体に及ぶのが、まさに創造者なる超越神を礼拝するキリスト教の「神の国」の概念なのです。当然、「神の国」の発想を掲げれば、貧民救済や慈善事業・病院建設の次元[11]から、さらに外面的には「統治」の神学思想（不服従）が目立ってくることは避けられません。これが、豊臣秀吉、徳川家康へと全国統一が進む過程でキリシタン排斥へとつながることにもなりました。しかしながら、この「道徳心に基づく統治」の発想の重要性は、江戸期の儒教に受け継がれたことにも注意したいと思います。

ザビエルの伝道以来、宣教師たちは口をそろえて日本人の道徳心の高さをほめました。[12] また教会の強化のために日本人の習俗もよく研究しました。[13] 和辻は書いています。

たとえば日本人の厚葬の風を取って、信者の貧富にかかわらず、盛大な教会葬を始めた。これが日本の民衆に与えた感動は相当に大きかった。また日本人の喜捨の風を取って、その喜捨の財を教会の収入とせず、貧民救済のような愛の行の方へ向けた。これは信者たちが熱心に参与して宣教師を驚かせたほどであった。慈悲の教えに慣れていた日本人も、慈悲を説く仏僧の寺院がこのような慈悲の行につとめず、教会の信者たちがかえってこの事に熱心なのに驚いたのであった。[14]

愛の教えの実践は、聖書の初代教会を彷彿とさせます。続けて以下のように記しているところは、当時すでに民衆が相互扶助の習慣を日常化していたことを示しています。「またそういう活動において、当時日本の民衆の間に発達していた自治組織のやり方をも、トルレスはもり育てた。そのため、会堂や宣教師館の建築に際して、信者たちがそれぞれ労力を提供して協力するやり方などは、非常に円滑に、また有力に行なわれるようになった」。トルレスとはザビエルと一緒に一五四九年に鹿児島に到着したイエズス会伝道師です。鎌倉時代以来の民衆の相互扶助の伝統は、キリシタンの布教にも発揮されたわけです。

仏教の対抗勢力としてのキリスト教の布教は信長の頃は順風でありました。やがて勢力を増すにつれて、かつ宣教師の背後にある当時のスペインの植民地政策を権力者が勘ぐるところにより、さらに、本願寺派の一向一揆にもまして抵抗を示すキリシタン勢力は、ついに追放の憂き目に会うことになります。秀吉そして統一を終えた家康が、今度は幕府を開くにあたり、儒教によって統治をはかることになります。これは明らかに民衆自治の後退現象であり、日本思想史上の大きな転換でもありました[15]。徐々に固まりつつある身分制度と、そして来るべき封建社会の統治イデオロギーとして儒教が働くことになるわけです。

ただし、こういった幕府官学の系統だけでなく、実は民間にも多数の儒家が排出し、長い江戸期の国民道徳を下からつくっていくことになります。これはキリシタン運動への一種の反動と見ることができるでしょう。キリシタンによって与えられた道徳心への空白を儒教が満たしたのです。特別恩恵としてのキリスト教は消え去っても、共通恩恵として遺産は残り、日本文化を停滞とモラル腐敗から防いだ、このように見ることが可能でしょう。

先の中江藤樹の『翁問答』は彼自身が朱子学から陽明学に移る過度期の作品と言われます。和辻いわく。「孝をもって万事万物の道理」とする。しかも「その孝を究極の原理に高め、親に対する子のふるまい方としての孝を単にその一つの現れとし」、この道理を普遍的なものとして説いて「彼のいわゆる『全孝の心法』は、孝のはたらく場所を家族という最も狭い人倫関係から人類という最も広い人倫関係にまで押しひろめ、明白に四海同胞主義となっているのである」[16]。しかもこの普遍的な人倫関係を与える「太虚の上皇帝」は人格神のようにとらえられているので、そこにキリスト教の影響を受けている可能性も和辻は否定していません[17]。

ただし同時に藤樹が自らの教えを「太虚神道」なる名称で呼ぶ所は、やはり日本という「場所」での防御の姿勢があります。室町時代の唯一神道や建武の中興期の『神皇正統記』以来続く天皇中心の日本という安全地帯、そこにその民衆教化の地盤を置いています。そうとはいえ、明らかにその儒教は君臣関係や大義名分を説く官学（お上の学問）とは異なっています。このような日本の民衆思想の流れは、その後に明治期を通して、さらには民主主義の現代にも続く国民の道徳観にも流れ込んでいるものでしょう。このような思想史の見方はたいそう重要です。クリスチャンはこれを単純にシンクレティムズと呼ぶのではなく、この複雑な重層構造を腑分けしつつ、「共通恩恵」として公共神学的な意味が与えられるのだ、と捉えるべきです[18]。

和辻哲郎の『鎖国』（一九五〇年）という本は「第一の敗戦」後に書かれました。最後に和辻が述べている言葉は、その七十年後の今日の日本にも、再度の精神的敗戦を目の当たりにして、そのまま当てはまっていると思われます。少々長いですが引用するに値します。

この（キリシタン宣教師が日本侵略の手段になり得ない）[19]事情は少しく冷静に観察しさえすればすぐに分かることであった。それを為し得なかったのもまた為政者の精神的怯懦《きょうだ》のゆえである。ただこの一つの欠点のゆえに、ベーコンやデカルト以後の二百五十年の間、あるいはイギリスのピューリタンが新大陸へ渡って小さい植民地を経営し始めてからあの広い大陸を西へ西へと開拓して行ってついに太平洋岸に到着するまでの間日本人は近世の動きから遮断されていたのである。

思想史家としての和辻の無念さが読み取れます。続けて

　このことの影響は国民の性格や文化のすみずみにまで及んでいる。それにはよい面もあり悪い面もあって単純に片付けることはできないのであるが、しかし悪い面は開国後の八十年をもってしては容易に超克することはできなかったし、よい面といえども長期の孤立にもとづく著しい特殊性のゆえに、新しい時代における創造的な活力を失い去ったかのように見える。現在のわれわれはその決算表をつきつけられているのである。[20]

「為政者の精神的怯懦のゆえに、現在のわれわれはその決算表をつきつけられている」とは、強い言葉です。和辻が明治開国以後の八十年たった一九四五年の敗戦直後にこの鎖国論を書いたゆえんです。まさに敗戦後さらに七十年して起こったこと、すなわち原発事故、アベノミクスの失敗、コロナ打撃、失われた三十年、円高不況、原発再稼動による「第二の敗戦」時の今日にも、

この強い言葉は当てはまるのではないでしょうか。

和辻の別の印象的な言葉があります。「その（追放令によって潜伏した）代償としてキリスト教が公共的性格を失ったことは充分重視しておかなくてはならぬ。公的な意味においてはヤソ会の宣教師は日本から追放されて一人も残っていないのである」[21]。まったくそのとおりです。今もって日本のクリスチャンは隠れキリシタンのまま、キリスト教は公共的になり得ていない。和辻に指摘されるまでもなく、その淵源のいったんは「鎖国」にある、これは明らかではないでしょうか。

このようにして、後発であったキリスト教会は、権力者のすさまじい迫害によって、いったん闇に葬られました。鎖国後も江戸幕府は五人組制度など民衆の相互監視体制を通してキリシタン根絶を謀りました（ヒトラーのユダヤ人根絶にも比肩しうる過酷さである）。日本人全体にキリシタンでないことの証明として寺請け制度をつくり、仏教寺院を利用しました。とにかくキリスト教から日本人を遠ざける国策でした。政治的統治の技術では世界一級に見えます。政治権力はキリシタン排除のみならず、そのために仏教をも従属させる。福沢諭吉はこの日本的弱点をヨーロッパと比較して日本では「宗教、権なし」だと結論しました[22]。権威と権力を持つのは政府のみである、と。今もってキリスト教への帰依には恐怖心がある、その背後にあるサタン的な闇の力に現代クリスチャンは注意すべきでした。

こういうわけで、キリスト教は鎖国の解かれた明治開国後に、神社や寺院とはまったく異なる形でコミュニティ形成に参与することとなりました。したがって西洋神学とは別に、日本に独自の公共神学の課題としてコミュニティ論・教会論について新たに研究する領域が広がっているのです。

いまさらですが、地域に密着した教会はどうつくれるのか。こういう問いを自覚的に発せざるを得ません。他の様々な社会制度と協働作業することにより、公共圏での発信が可能になりますし、またそれが公共神学としても期待もされているからです。実際に隣人愛の実践を、そして同時に人間の高慢さへの警鐘を人々に促せる立場にいるのは、四つのセクターの中でも教会という制度しかないからです。そして、実は、四セクター論というのは聖書的な世界観の中で解釈していける、これを以下で簡潔に示したいと思います。

2　新しい教会論

現代の「神の国」論を展開するために、新たな聖書の読みが必要です。

「キリストによって、からだ全体は、あらゆる節々を支えとして組み合わされ、つなぎ合わされ、それぞれの部分がその分に応じて働くことにより成長して、愛のうちに建てられることになります」（エペソ４・16）

「キリストの体」は教会の代名詞ともなり、クリスチャンにはよく知られ用いられる表現です。その場合に「教会」は各個別の教会であったり、教派であったり、場合によっては地域にある様々な教会、さらには日本のそして世界に広がるキリスト教会全体であったりするでしょう。どれも正しいと思います。要はキリストが頭である、ということです。もう少し詳しく、同じエペソ書にあるいくつかの表現を見てみます。

例えば「神は、この力ある業をキリストの内に働かせ、キリストを死者の中から復活させ、天上においてご自分の右の座に着かせ、この世だけでなく来るべき世にある、すべての支配、権威、権力、権勢、また名を持つすべてのものの上におかれました。また、すべてのものをキリストの足元に従わせ、すべてのものの上に立つ頭としてキリストを教会に与えられました」（同1・20〜22）。ここで何度か出てくる「すべてのもの」という言い方は、つまりノンクリスチャンも含んで、ということです。「（キリストは）十字架を通して二つのものを一つの体として神と和解させ、十字架によって、敵意を滅ぼしてくださった」（同2・16）。ここで「敵対する二つのもの」という表現はノンクリスチャンとクリスチャン、こうとってもよいでしょう。こういった表現は私たちが普通に考える制度的教会をはみ出して、キリストは世界の頭であるというイメージをかきたてます。

実際に聖書はそう言っています。コロサイ書の一章がそうですね。「万物は御子によって造られた」（1・16）という壮大な宇宙論的キリスト論も制度的教会をはみ出してしまいます。むしろ逆に、キリストは創造者、主権者として世界の頭です。同時に世界の審判者でもあります。「すべての国の人々が御前に集められます。人の子は、羊飼いが羊をやぎからより分けるように彼らをより分け、羊を自分の右に、やぎを左に置きます」（マタイ25・32）。さらに、復活のキリストのリアルな支配を表現している黙示録の聖句、「地の王たちの支配者であるイエス・キリスト」（黙示1・5）。そのことをよく知っている制度的教会とそこから派遣されるクリスチャンこそが、キリストが世界の頭であり、審判者であるように生き、かつ行動していく中心にならなければいけない、こういったクリスチャンへの勧めと励ましと取った方がよいのではないでしょうか。

いつの世においても、どの地域においてもクリスチャンはその使命を帯びて生きています。だからこそパウロの「キリストのからだ、すなわち教会のために、自分の身をもって、キリストの苦しみの欠けたところを満たしている」（コロサイ1・24）という言い方がリアルに迫るのではないでしょうか。

私はこのようなイメージのある「教会」の概念を、カイパーにならって「制度的教会」（制度としての教会）と「有機体的教会」（有機体としての教会）の二つに分けるのがよいと考えています。[23] これは「見える教会」と「見えざる教会」という区別とは別です。「見える教会」の中で制度的教会と有機体的教会との区別があるという意味です。制度的教会とは、これまでよく知られているように定期的礼拝、会員制度、祈禱会、礼典執行のある教会です。ふつうに日曜日に行く組織化された教会です。教派的な違いのあるプロテスタント教会の中では、教派の信条に沿って教会形成をしている場合が大半でありましょう。

それに対して有機体としての教会とは、さらなる聖霊の働きに信頼しつつ、クリスチャンが参加している団体やグループないしはコミュニティ、場合によってはノンクリスチャンも含んだコミュニティにも及びます。よくあるようにクリスチャンの集まるクリスチャン○○会というのは言うに及ばず、それよりもずっと広い。そこでは依然としてキリストは頭なのです。これをあえて有機体としての教会と呼ぶ意味は、その団体や制度やコミュニティがキリストを頭とするからです。いや逆に、その団体やコミュニティに参加しているクリスチャンにそのような意識と信仰をもって当該コミュニティ活動に参加せよ、という意味です。西欧ではかつてはキリスト教社会でしたから世俗化した今日でもクリスチャンが懐古趣味を含んで、自分の生きている社会の団体やコミュニティをこのような呼び方をするのか、ということではありません。私たちが主張するのは、聖書がそういう見方、つまり世の主権者は、そして世の統治者は今もキリストである、と言っているからです。

では日本のような異教社会で自分の職場で同僚に聖書や信仰のことを絶えず語るべきか、というとそうではありません。むしろ当該団体やコミュニティが正義と公正と友愛に満ちたコミュニティになるように労して働く、ということです（もしそれがかなわないときには当該コミュニティから退出するという選択肢も含みます）。しかしよく考えてみると、実際に、そのような意識と信仰無くして日本でクリスチャンが社会に影響を及ぼせるということは考えられないでありましょう。

日本社会にキリスト教がなかなか浸透しないのは、クリスチャンの意識と信仰が内向きに防御的に過ぎることに問題があるのではないでしょうか。自ら世からの隔絶をもってクリスチャンである、こういうアイデンティティを持ってしまっているのではないでしょうか。制度的教会が世から分離され閉鎖的になる傾向が過ぎるのではないでしょうか。歴史を通してそうならざるを得なかった理由はよく分かります。先に記した鎖国時代のキリシタンの迫害は、確かに世界のキリスト教史上もまれにみる徹底したものだったからです。だからこそ、いま学びが必要なのです。

世の頭はイエス・キリストである、そのことをいまこそ真剣に考える時になっています。公共神学の主張とは、まずクリスチャンたちによって組織される制度的教会をきちんと確立すること。その上で、クリスチャンが日々派遣されている各家庭、地域、職場など、さらにそこから広がったノンクリスチャンも含む私たちの生活している諸々の団体やコミュニティを有機体としての教会と呼びたいということです。これは神学的概念であると同時に聖書からヒントを得た社会学的概念であります。

ただこの有機体としての教会と呼んだ団体やコミュニティも、制度的教会とは異なってノンクリスチャンを含んでいる場合には、地球全体に無制限に拡げられるのではなくある範囲があります。コミュニケーションと対話が大切だからです。「からだ全体は、あらゆる節々を支えとして組み合わされ、つなぎ合わされる」という形式が保たれる範囲ということです。つまり体という概念は生理学的・医学的知識を導入すれば明らかです。各細胞の中にあるＤＮＡ配列は一致していなければならないし、血管が細部にまで酸素や栄養を運べる構造が保たれ、老廃物がろ過され、免疫機構が正常に機能しなければ死んでしまう。この体としてのコミュニティという比喩のイメージは人と人のたえざる行き来、ないしはコミュニケーション可能な良識的な範囲という制限があります。それは社会にある人間が作る組織体ないしは歴史的に分類区別される社会制度そのものに近似しています。

実際に社会学者の中には社会そのものを有機体のイメージで捉える人も多くいました。現代の社会学者には機械的システムとして近代社会を捉える立場が強いですが、聖書的な類比から言えば有機体のイメージで社会全体を捉えた方がよいと考えられます。ただ人と人のつながりやコミュニケーション、そして協働の大事さを考慮すれば、伝統を共有する一地域、せいぜい広がっても言語的コミュニケーションがたやすくできる国民国家という範囲内でありましょう（もちろんグローバルなクリスチャン・ネットワークの大事さは言うまでもないが、いま日本国内でのコミュニティ形成を問題にしている）。その中にある人間の組織体は有機体的であり、それはキリストを頭とする。これはもちろんノンクリスチャンを含んでの社会の団体や制度全体ですが、クリスチャンとして自覚して働く人がそこに派遣されてこそ成り立つ表現です。完成ははるか先、終末においㅤ

てではありますが、たとえ不完全ではあっても聖霊の働きを信じるクリスチャンが、ノンクリスチャンとの相互の協働作業によってこそ、組織体や制度も目的に沿って包括的に機能します。その目的とは聖書的規範によれば人々が平和的に互いに愛をもって仕え合い、神の栄光を現していくことです。

イメージとしては有機体としての教会とは、より具体的にはわれわれが提起している四セクター論に他なりません。それぞれのセクターはキリストによって信託された社会的共通資本そのものであり、クリスチャンは行政組織にも企業にも非営利グループや地域コミュニティにも日々現実に関わっています。そしてできるだけ関わるように奨励します。制度的教会はまさにその全体的な有機体としての教会の一セクターであり、公共圏を通して固有の影響力を及ぼしていくべき場所であります。

有機体的教会と民主主義

以上のような社会学的コミュニティの分析の概念に「教会」という用語を使うことに違和感を覚える向きもあるでしょう。もし、そうであれば原語で「有機体的エクレシア」とでも呼んでおきましょう。ギリシャ語のエクレシアはもともとがキリスト教用語ではなく単なる集会（アテネでは自由市民の民会）で、現代的に言えば自覚した市民からなる市民社会です。教会に集うものはエクレシアの民、すなわち民主政治を担えなければならないのです。日本語聖書が「教える会」と上から目線で翻訳したことはあまり良い訳語ではありませんでした。日本人の中にキリスト教のエクレシアが定着しない、いや浮き上がってしまう理由がその翻訳にあることはしばしば言われてきました。「異質な他者」からも多くを学ぶべきです。

日本人クリスチャンはいま大胆な発想の転換を迫られています。そうでなければ長い独自の歴史と文化を持った日本にキリスト教会が、他の宗教施設や組織制度と並んで根付くことはないでしょう。行政組織、企業体、地域コミュニティに積極的に陰に陽に関わること、私たちはいま「それぞれの部分がその分に応じて働くことにより成長して、愛のうちに建てられることになります」という友愛と連帯のコミュニティ形成の理念を日本でいかに作り上げるべきか、これが問われています。そしてそこにクリスチャンが絶えず参加し、というよりも実際には各信徒が職業を通してなど日常的にすでに参加している実態があるのですが、制度的教会がそれら信徒を祈りをもってサポートできるのかできないのか、そのミッションを日本人クリスチャンが持てるのか持てないのか、それを問いたいのです。

協同組合運動や労働運動などを神の国運動と位置付けた賀川豊彦は、戦後すぐに協同民主主義を提起しています。[24] 一九四五年八月に仲間と日本協同党を提案し、十二月にそれを結成し、その後、十九四六年五月には協同民主党、一九四七年三月には国民協同党（委員長・三木武夫）と党名を変更して五月には片山哲社会党内閣と連立を組みました。[25] ただこの政党は、その後、戦前から存在した二大保守政党が高度経済成長を政策に掲げて一九五五年に合同した影響を受け、その他の小政党と共に吸収され、解散せざるを得なかったのでした。左派は日本社会党へ右派は自由民主党へと吸収されました（三木武夫は自民党総裁として首相になった〈一九七四年～七六年〉）。ここで日本の協同民主主義の伝統は途絶えてしまいました。

賀川が「友愛と連帯」のモットーで立ち上げた日本協同党と協同民主主義、この理念をどう継承したらよいのか。それは、四セクター論の中で、制度的教会との連携により、今後の日本の民主的で自治的な持続可能社会を導いていくことである、このように位置づけることができます。賀川は「新生」創刊号（一九四五年十一月刊）の「無産政党の再出発」という論文で次のように書いていました。「我々も全人的、産業的デモクラシーを主張し、労働組合、消費組合、農民組合を通して、資本家と同じ権利を主張する。今日迄の民主主義運動は必ずしもこの主張にあはず困難屈曲があつた。然し新しく進むべき進路をはつきりするならば、全人的デモクラシーの他に眞の世界的民主主義は確立しない[26]」。

私たちは民主主義が最善の政治形態であるとは思いませんが、今のところこれに代わる政治制度は見つからず、少なくとも強権的全体主義よりまだ人間の尊厳は守られると思っています。そこで民主主義に関して公共神学の考え方を簡単に記しておきましょう。

賀川が全人的デモクラシーと呼んだ協同民主主義の理論的研究は戦後にある程度行われました。例えば政治学者・矢部貞治（東京大学教授）の二つの民主主義論は「自由民主主義」以外の「協同民主主義」の提案でありました（彼は社会民主主義は協同民主主義の変形と分類している）[27]。矢部は戦前ファシズム期に右翼思想家から美濃部達吉らと共に「国家の敵」と攻撃された政治学者[28]で、戦後は三木武夫首相の顧問も務めました。戦後憲法発布の翌年に、新憲法の形を自由民主主義と認識しつつ、なお民主主義にはそれ以外に協同民主主義の形があるとはっきり書いています[29]。では民主主義のうち自由主義的なものではなく協同主義的とはどういう意味か。それは「本質的に倫理的」であると言った後にこう説明しています。

個人は、抽象的孤立的な自由に依ってではなく、このような人倫関係に身をおくことによって、現実的に自由となる。対等の主体としての人格と人格がこのような人倫関係の中での連帯と協同に立つことが、協同主義にほかならない[30]。

自由主義が伝統的に英米的な個人主義であることに対して「このような協同民主主義の理念は、最もよくルソーに現われている」[31]と書いています。今日、ルソーは近代共和主義の源流という理解が一般的であり、協同民主主義という言葉は使われなくなりました。それも原因の一つとなり協同組合運動が日本で政治理論との関係を失ってしまい、単なる経済運動に矮小化されてしまったのはまことに残念なことでありました。協同民主主義の理念を深化させ、今必要なポリティカル・エコノミー（政治経済学）の理論を形成するためには自由主義と同時にルソー的な共和主義的民主主義理論、すなわち日本の伝統では協同民主主義の系譜をきちんと追っていくことがどうしても必要です。ルソー的な人民主権論は他方でマルクス主義を生み出しもしましたが、私たちはその方向を取りません。私たちの方向は四セクター論に基づく創発民主主義です。その目的のために日本でもよく知られたハーバーマスの熟議民主主義理論が分かりやすいでしょうが、それについては他の個所に譲ることにします。[32] ここでは、協同民主主義が日本で十分に継承されなかった主な理由を二つあげておきます。

一つは戦後に「食うや食わず」の焼け野原からの立ち直りがまずあって、ここからの脱出のために経済全体のパイを増やすことが優先しました。そのために護送船団方式の資本主義に国民的エネルギーを注いだことです。もう一つは日本国憲法の構造が基本的に自由主義的民主主義であったことから、[33] 政治的な意味で個人の自由を強調することが、戦前のファシズムや産業報国会的な産業形態から脱皮するために必要だと考えられたことです。前者の「護送船団方式」について言うならば、官僚のもとに企業が統制された戦後経済形態は一九九〇年代の高度経済成長を終焉させたバブル崩壊で破綻しました。後者の個人主義について言えば、結局、ミーイズムに成り下がってモラルが低下して連帯感を減退させたということです。

ただし、これもすでに矢部自身が、コミュニティの倫理面を強調して次のように自覚していたとおりです。「最後に一言述べておきたいと思ふことは、政治制度や行政機構の問題は重要ではあるけれども、日本政治の民主化といふ課題から見れば第一義とは言えないと云ふことである」。

「即ち、自立的な人格を養ひ、知識と道徳を身に付けた、さうして責任観念と公共心を持ったところの教養の高い人間に日本国民の一人々々がなるかならぬかといふことが精神的な條件である」[34]。さらにはっきりと必要なのは「深い意味での人道的な哲学」であることだ、と。

人間を自由な道徳的人格として、神に造られたものでありつつ、人間自らの運命の形成者として捉えるような哲学なのである。[35]

経済面ではこういうことです。「協同組合では、資本は常に人格に奉仕するものであって、それは『投資』ではなく『出資』であり……受託であって営業ではない」[36]。そしてこの「受託」の思想こそがまさに四セクター論の根底にある考え方に他なりません。それは世の主権者・イエス・キリストからの受託なのです。これをキリスト者が理解し実践できたときに、日本の悪しき伝統である「権威も権力も政府にある」という価値観を突破できるのです。

3　終わりを見すえて

今日、世界はかつてない危機的状況を呈しています。地球温暖化、気候変動、感染症の爆発、戦争の日常化、核戦争の脅威、経済格差の進行、エネルギー危機、食糧危機、そして日本では高齢少子化、莫大な国家的負債、原発の過酷事故、地震と火山活動の活発化による日本列島の沈没の可能性、という事態です。誰が見ても人類史はこれまでにないフェーズに入ったと感じられます。

聖書的な表現では終末論的様相です。二〇二二年のロシアによるウクライナ侵攻により「終末時計」の針が早まった、こんなニュースが世を驚かせる時代です（人類滅亡まで九十秒！）。一九六二年のキューバ危機以来の最大の「核使用の現実性」がニュースになっています。[37] 核兵器の使用が終末をもたらす、こんな恐怖が現代人一般を支配するところまで来ています。クリスチャンはこの悪のリアリティの現出に目覚めるべきではないでしょうか。

クリスチャンはある備えが必要になってきたと感じています。終わりを見すえた生き方と考え方を確立していく時代になったということです。これまでも終活という言葉はありましたが、これは一人の人のライフサイクルについての「死への備え」ということでした。今後は世界の文明の終活です。ＳＦとも現実とも区別がつかないのですが、地球環境が住めなくなったら他の惑星への移住が話題になり、それに投資する人々も出ている時代です。世界の終わり、その前に日本の終わり、巨額の債務、止まらない人口減少、原発再稼動、そこに近隣敵対国からの核ミサイルの攻撃……、日本の終末がすでにカウントダウンに入っているのではないでしょうか。むしろ人類文明が永遠に続くなどという見方の方がおかしい。初めがあったのだから終わりがある。特に原発とその災害は今後何万年も続く「後世への最大荷物」となってしまったのです。しかし十分に注意してほしいのですが、聖書を真剣に読む限り、終末は神の審判を伴っています。これは絶望の時ではなく希望の時、本来的な希望の時なのです。

ですから、文明が終わるギリギリまで、神から与えられた生命の有意味性を信じた生き方を確立するということでしょう。それが制度的教会に呼び集められた人々の責任と証しの生き方ではないのか。それこそが世に示す模範であり主の来臨を待ち望む人の生き方ではないのか。日本のクリスチャンは日本人に対してそれを示す責任があるでしょう。まさに、日本の教会の今後のミッションの方向性となります。

だらだらと繁栄を夢見ている、ないしはGDPが成長するというありきたりの文明論ではなく、終わりを見すえた限りある人生とこの世を慈しむ生き方。互いに愛をもって平和に文明を終える知恵、これを人々に分かち合う場所、為政者のために祈り、ビジネスを担う男女の働き人のために祈り、傷つき苦しむ人々に寄り添う証しの生活、それが日本の教会とそこに集う兄弟姉妹の責任ではないでしょうか。文明の終末を覚えて、それを人々に知らしめる場所。まさに聖書が勧めている生き方そのものではないでしょうか。

その時に制度的教会と有機体的教会の区別はたいそう重要です。輪廻転生の世界観に支配されていれば、終末という発想は出てきません。そこでは人々は無限の進歩を期待する。どんな出来事が起こってもだれも責任を取らない国。どんな危機が来てもいつも決断を先送りする国。もし、日本列島で、終わりを見すえた緊張感を持ち、規範性がある世界観を提供できる指針があるとしたら、それはアニミズムではなく聖書的キリスト教のみです。これを歴史のこの時点で、私たちは日本における新たな公共神学として提唱したいと考えます。

終末における神の審判というテーマは聖書の最後の書、ヨハネの黙示録に迫力に満ちた視覚的なイメージで描かれています。読解が難しい書物ですが、現代の著名な聖書学者リチャード・ボウカムはそのよく知られた注解書で審判における「クリスチャンの世界に向けた忠実な証し」の重要性を指摘しています。黙示録のメッセージは今に生きる日本のクリスチャンに向けられたメッセージでもあります。緊張に満ちた宣教的生き方が問われています。第六のみ使いがラッパを吹き鳴らした後の様相として次のように書いています。

彼ら（クリスチャン）の勝利は、黙示録七章から一見そう思われるように、単に審判に定められた世界からの彼ら自身の救済ではなくて、諸国民の救済である。……それは、既に神の支配を承認する選民の犠牲的な証しが、神の支配を反逆的な諸国民にも承認させるときに、到来するはずである。神の民が、あらゆる諸国民から贖われたのは（5章9節）、あらゆる諸国民に預言者的証しをするためなのである（11章3節～13節）。[38]

「既に神の支配を承認する選民の犠牲的な証し」とは何でしょう。それは「彼らがあかしを終えると、底知れぬ所から上って来る獣が、彼らと戦って勝ち、彼らを殺す」（11・7）という個所を指しています。初代教会の殉教を連想させます。そこで重要な問いです。

このような殉教的犠牲と迫害にこれまで日本人クリスチャンは遭ったことがあるのでしょうか。いやいやまだまだ、と思うかもしれません。しかしそうではありません。

日本の宣教の歴史を思い起こしてください。私たちの先輩クリスチャンたちは信仰的な戦いを立派に果たしてきたのです。そうです、先に見たようにキリシタンの時代の迫害と殉教者の数の多さのことです。この迫害は世界のキリスト教史でもめずらしい。何しろ数十万人いた信徒が人っ子一人いなくなってしまったのですから。それは原発事故を起こした福島県でも起こっています。キリシタン大名だった会津藩主蒲生氏郷・秀行の時代です（一五九〇年～九八年）[39]。そのような歴史的認識をなしえない現代日本人クリスチャンの霊的鈍さが問われているのです。現代の日本に生きるクリスチャンはたとえ少数であってもその末裔だ、という自覚が必要です。

いま日本文明の終わりに近づいた時代、第七のみ使いのラッパはすでに吹かれました。日本の少数クリスチャンは諸国民と共に大バビロン的悪のはびこるこの国で、最後の主の戦い[40]に参与していく責任があるのではないでしょうか。

人類が人の命を大切にするために築いてきたこれまでの科学技術であれば、それは神の創造の目的にかない、十分に発展を遂げたのちに、終末においても決して無駄にはならない。それらの努力は、必ずや「新しいエルサレム」においても十分に生かされるでありましょう。

主よ、来たりませ（マラナ・タ）！

1　カール・ポランニー『新訳・大転換――市場に社会の形成と崩壊』野口建彦・栖原学訳（東洋経済新報社、２００９年）155頁。

2　日本では農民は小作農であっても土地なしとはならなかった。（拙著『働くことの哲学』42～43頁参照）

3　カール・ポランニー『新訳・大転換』第Ⅱ部参照。また近年、個人主義的自由市場への経済学からの批判的アプローチも盛んになっている。社会的共通資本を提唱した宇沢弘文が依拠した制度派経済学（institutional economics）の近年の発展が重要である。ここから今日でも制度的教会が「社会的全体」のなかでの第４セクターとしての役割を果たすことが理論的に意味づけられる。M・アグリエッタ、A・オルレアン『貨幣主権論』坂口明義監訳（藤原書店、２０１２年）の「序説」参照。

4　テツオ・ナジタ『相互扶助の経済――無尽講・報徳の民衆思想史』五十嵐暁郎監訳・福井昌子訳（みすず書房、２０１５年）91頁以下。

5　同書、99頁。

6　同書、95頁。

7　齋藤仁『農業問題の展開と自治村落』（日本経済評論社、１９８９年）54頁に以下のようにある。

「自治村落はひとたび形成されると、封建制が崩れてしまった後でも、その村落の固有の小農民が完全に分解せずに残る限りは多かれ少なかれ伝来の構造を保ちながら存続する」。まさにこのような状況が今日の農協のルーツになりえたのである。

8 テツオ・ナジタ『相互扶助の経済』第3章、特に99～110頁。

9 他方、東方教会の伝統は西方とは異なり、ギリシャ正教、特に近年のロシア正教に顕著なようにロシアのナショナリズムに抵抗できず、プーチンの独裁を生み出し、ウクライナ侵攻に加担する結果をもたらしている。

10 賀川豊彦「東洋思想の再吟味」『賀川豊彦全集』第13巻（キリスト新聞社、1964年）133頁。

11 豊後の大友宗麟の事業については和辻哲郎『鎖国 ―― 日本の悲劇』和辻哲郎全集第15巻（岩波書店、1963年）293～297頁。

12 『聖フランシスコ・ザビエル全書簡3』河野純徳訳、《東洋文庫》、（平凡社、1994年）96頁。「第一に、私たちが交際することによって知りえた限りでは、この国の人びとは今までに発見された国民のなかで最高であり、日本人より優れている人びとは、異教徒のあいだでは見つけられないでしょう。彼らは親しみやすく、一般に善良で、悪意がありません。驚くほど名誉心の強い人びとで、他の何ものよりも名誉を重んじます」。

13 ザビエルは特に日本仏教と民衆に「地獄と極楽」への関心が強いことを記している。「この九つの宗派のうちで、天地創造や霊魂の創造について話している宗派は一つもありません。地獄と極楽があることについてはすべての宗派が説いていますが、極楽とは何であるかについて説明する者は誰もいませんし、誰の掟によって、また誰の命令によって霊魂が地獄へ落とされるかを説明する者もいません」（同書172頁）。
14 和辻哲郎『日本倫理思想史・下』和辻哲郎全集第13巻（岩波書店、1962年）97頁。
15 和辻哲郎『鎖国』245～250頁を参照。今日では民衆が政治体制にコミットするには協同民主主義からポリティカル・エコノミーとしての創発民主主義に移行すべき理由がある。
16 和辻哲郎『日本倫理思想史・下』146～149頁。
17 同書、150頁。
18 稲垣久和『公共福祉とキリスト教』（教文館、2012年）179頁。
19 「宣教師たちの報告書によると、日本の武士たちは、スペイン人の侵略の意図を言い立てはしたが、自分たちの武力には自身を持ち、決してスペイン人には敗けないと思っていたという。秀吉がマニラ総督に朝貢を要求したほどであるから、これはほんとうであろう。それほどの自信があるなら、侵略の意図などに恐れずに、ヨーロッパ文明を全面的に受け入れればよかったのである」。和辻哲郎『鎖国』536頁。
20 和辻哲郎『鎖国』548頁。
21 同書、517頁。
22 福沢諭吉は『文明論之概略』（1875年）の中でフランソワ・ギゾーの「ヨーロッパ文明史」の

叙述から啓発されて、次のように考えた。日本の政治権力はあらゆる社会的勢力を押さえ込み従属させた、わけても宗教勢力を押さえ込み、この状態を「宗教、権なし」と呼んだ（丸山真男『文明論之概略を読む 下』（岩波新書、1986年）119頁以下。この体質は明治近代国家も戦後の民主主義と称する政府も変わっていない。単なる「信教の自由」「政教分離」という西欧近代の理念だけ輸入しても打破できない強固な日本の思想史的課題であることをクリスチャンは理解すべきであろう。福沢諭吉的な自由主義は「多事争論」に集約されるので、現代では「異質な他者」との熟議民主主義の習慣をボトムアップに創ることが日本人クリスチャンの使命である。

23 A.Kuyper, Common Grace, vol. 2, Chap. 33.

24 テツオ・ナジタ『相互扶助の経済』298〜301頁。

25 1946年4月の戦後初の総選挙では定員466名中、自由党141名、進歩党94名、社会党93名、日本協同党14名、共産党5名であった。翌47年4月総選挙では第一党が社会党で143議席を占め、民主党・国民協同党と連立して片山内閣を組織した（升味準之輔『戦後政治 上』（東京大学出版会、1983年）134〜135頁。

26 『賀川豊彦全集』（キリスト新聞社）第24巻、420頁。

27 しかしながら今日では、例えばエスピン・アンデルセンは「福祉資本主義の三類型」として自由主義、社民主義、保守主義（コーポラティズム）の三種に分類している。拙著『公共福祉という試み』中央法規出版、2010年、76頁。したがって矢部の協同民主主義は社民主義に近いというよりもコーポラティズムに分類されると考えた方がよい。
28 立花隆『天皇と東大 下』（文藝春秋、２００５年）338頁。
29 矢部貞治『政治学』１９４７年。復刻版は『政治学　新版』（勁草書房、１９８１年）314頁。
30 矢部貞治『協同主義の政治理論』「協同主義」、［別輯一］協同主義協會、１９４８年、30頁
31 同書、10頁。
32 稲垣久和『働くことの哲学』第４章参照。
33 矢部貞治『協同主義の政治理論』38頁。
34 矢部貞治「日本政治民主化の課題」社会思想研究会編『再建の原理と社会思想』実業之日本社、１９４８年、103頁
35 矢部貞治『協同主義の政治理論』27〜28頁
36 同書、35〜36頁。なお矢部貞治はウオルター・リップマン著『公共哲学』初版（１９５５年）の翻訳者であった（新訳のW・リップマン『公共哲学』小林正弥監訳、勁草書房、２０２３年、参照）。著者（稲垣）が展開してきた公共哲学の発想はその延長上にある。
37 https://newsdig.tbs.co.jp/articles/-/292551?display=1
38 R・ボウカム「ヨハネの黙示録の神学」叢書・新約聖書神学15、飯郷友康・小河陽訳（新教出版社、２００１年）111〜112頁。
39 木田惠嗣「福島に生きて ―― 東日本大震災をくぐり抜けた牧師の証し」『原発避難者と福島に生き

る』ＦＣＣブックレット、東京基督教大学国際宣教センター編（いのちのことば社、２０１６年）52頁。

40 「小羊に従う者たちがメシア戦争に参与する目的は、諸国民に悔い改めの真の神の信仰をもたらすことだからである。これは戦争のイメージ表現では描けない」Ｒ・ボウカム『ヨハネの黙示録の神学』124頁。

41 同書、178頁。

第五章　教会が「ここ」にあるとは？

前章までの内容をよく消化し、教会生活と関連づけるために、これから具体的な事例研究に入ります。その前にこれまでのことを簡単に要約しておきます。

まず、聖書の創造から終末までの大きな物語があります。人は神の像に造られたのですが堕落をしました。でも神の大いなる恵みによってその罪は抑制され、人は創造をされた本来の目的に沿って生き、かつ文化を営むことが許されました。これを共通恩恵と言うと説明をしました。

そして、人は、火を扱いました。さらに、原子力という、考えられないぐらいの膨大な力まで扱うようになりました。ところが、実際にフクシマで原発の事故が起き、住んでいた場所が失われる、そしてそれだけではない甚大な影響が残ることになったことを見ました。

原子力の研究が進み、原爆が作られた時、アインシュタインは、後悔をしましたね。その後悔には、膨大な力への怖れ、そして原罪という意識がありました。特に開発の主導をしたオッペンハイマーの悔恨は深いものでした。単なる反省ではなく、なされた行為への深い悔い改めを伴うものでした。

一方、日本ではどうだったでしょうか？　原爆はこりごり、しかし原子力の平和利用はよい、というかけ声のもとに、なし崩し的に進められ、地震の後でも、既存の勢力に阻まれ、根本的な見直しは行われないままです。怖いことです。ここには、怖れ、罪、悔い改めという概念がありません。

だからこそ、我々、クリスチャンは神学を通じて、その概念を伝えていかなければいけません。

私たちの希望は、人間には将来をも含めて生きる規範が与えられるのだ、それは聖書に記された神の啓示であり、聖書の世界観だという点を確認しました。

ただ、ここで重要なのは、救済論一辺倒から脱皮をしないといけないのだ、ということです。世界のスタートに関わる神の働きは、創造と摂理と永遠の命（＝救済論）でした。そうです、救済だけではないのです。ここで、もう一度、確認をしましょう。創造と摂理に関わる論理が、共通恩恵と言われるものなのです。そして、創造と摂理は、この世のことに関わるものです。この世↓社会↓公共↓共同体ということに関わることなのです。

ここで、二つの視座を提供します。一つが四セクター論という概念、もう一つが有機体としての教会（有機体的教会）という概念です。

我々は、日本にいます。この日本で、イエス様を信じています。であるならば、創造と摂理に関して、日本のことを理解し、日本の中でキリスト者としての姿を見せていかなければいけません。

ここからの事例紹介においては、今の日本において、幾つかのキリスト者の活動を紹介していきます。その紹介は、ここまで述べてきた共通恩恵、四セクター論、有機体としての教会という概念に立ち戻りながら行われます。

1　教会派？　社会派？

一九七〇年に日本万国博覧会（大阪万博）が開催されました。悲惨な敗戦の後、日本の経済は成長を始め、人々の生活水準も改善をされていきました。一九五六年には、『経済白書』に「もはや戦後ではない」という記述がみられ、その後も、基本的には経済発展が続きました。その一つのクライマックスが世界中からの出展が行われ、人々が集まった大阪万博です。当時の日本の人々にとって、明らかに何か大きなものを画する全国的なイベントでした。

戦争が終わり、日本の教会に来る人々の数は増え続けていました。一本調子で礼拝に参加する人々の数は増え続け、日本に大きく福音は伝わっていくのだ、という雰囲気も盛り上がっていました。そして、大阪万博に日本キリスト教協議会とカトリック教会は、キリスト教館を出展します。この出展を巡って、社会派と教会派という対立が起きたのです。東京神学大学には機動隊が投入され、日本基督教団の幾つかの教区の総会が開催できなくなり、あるいは開催されても流血の事態になる状態にまで陥りました。

色々な背景、理由がある出来事でした。言葉の定義も色々とあるようです。一般的には、社会派は、社会の出来事に積極的に関わろう、という立場、教会派は個人の魂の救済に集中をすべきだ、という立場だと言われます（繰り返しますが、この定義自体にも論争があります）。

しかし、不思議に思いました。社会派と教会派という区分しかないのでしょうか？　そのどちらの定義でもない活動が、四セクター論で定義する教会の活動なのではないでしょうか？

2　若者を受け入れる共同体の構築の二事例

ここで、二つの教会の活動を紹介します。社会派でも、教会派でもない教会共同体の活動です。一つは、兵庫県のグッドサマリタンチャーチ、もう一つは岡山県のリバーサイドチャーチ岡山です。ともに小学生から高校生を積極的に受け入れ、彼らにとっての共同体を作っています。

（ア）　グッドサマリタンチャーチ

兵庫県川名郡猪名川町という人口三万人ほどの町に位置します。のどかな田園風景が広がる里山といった風景の町です。ただ、大阪の中心街から電車で一時間弱、ニュータウンが広がる場所でもあります。過疎化が進んでいるわけでもなく、子どもも多くいますが、同時に都市部のように引っ越しが頻繁な場所ではありません。

一九八四年に始まった単立の教会です。現在の教会員は二百名強。牧師の金子道仁氏が二〇二二年に参議院議員になられたことで有名かもしれません。

このグッドサマリタンチャーチは、「光の子どもクリスチャン・スクール」というフリースクールを運営しています。

①始めたきっかけは？

1　信仰承継が無くなっていくことに危機感があった。アメリカのホームスクール、チャーチスクールを見て、二〇〇〇年頃のチャーチスクールムーブメントの中で教会学校を始めた。

2　三歳児が四名からのスタートだった。この頃は教会学校の延長線上だった。しかし、すぐにより年上の子どもを受け入れ、本格的にスタートをした。

3　信徒（学校の先生）の中で、小学六年生の子ども二名がいた。ともに不登校の子ども、引きこもりの子だった。外に出たくない、と泣き叫ぶ中で、親から教会で勉強の機会を与えられないか、という依頼を受けて不登校の子どもに向き合った。まず小学部を始め、次に中学部を始めた。中学部の最初の子どもも、信徒の子どもだった。同じく不登校、この子も学校の先生の子どもだった。

4　そこから始まり、現在は、小中高で六十名が在籍をしている。高校卒業の累積で、今まで二百名を数えている。ほとんどどが、不登校の子どもである。

②運営の形態は？

1　教会とは別の形態をとっている。

2　小中学校に関しては、フリースクールという形態をとっている。いわゆるＮＰＯ法人である。一方、高校に関しては、卒業をしていく子どもたちに、高校卒業の資格を与えるためにも、既存の学校法人と連携をしている。具体的には、とある高校の通信部という位置づけになっており、高校卒業生は、その高校の通信部卒業という資格を得ることになる。したがって、大学の受験資格なども得られるし、履歴書にも高校卒業と記述ができる。

③クリスチャンコードは？

1　働き手は全員がクリスチャンである。八割がグッドサマリタンチャーチからの献身者であり、二割が他教会の牧師である。今までは、ダブルワーク前提だった。つまり、他の職業で収入を得て、このフリースクール・高校での勤務は実質上のボランティアという形態である。

2　また、授業は礼拝から始まり、何かあるたびに祈る、という形になっている。したがって、福音を伝えるし、信仰を受け入れる子どももいる。

3　働き手、礼拝や福音伝道のことを、予め明確に伝えたうえで、ノンクリスチャンの子どもも受け入れている。

4　結果として、信仰告白に導かれる子どもたちも、今までに多く出ている。

④課題は？

1　経済的には赤字。フリースクールのため、私学助成金も出ない。高校部に関しては、制度上は高校（の一部）のため、入学生に対する就学支援金というのが国家から支給される。ただ、この就学支援金は提携をしている高校の方に入り、フリースクールの運営には回ってこない。この赤字部分は、教師を含む運営に関わる人が、実質上のボランティアとして働くことで補ってきた。特に初期段階では、保護者（お母さん先生）の無償の働きによって支えられてきた。

⑤五年後はどうしたい？

1　自分のところというよりも、仕組みを作って、多くの教会がやっているフリースクール、身を削りながらやっているのを、支え、広げていきたい。

2　理由は二つある。一つは、今後も、このフリースクールが継続をしてやっていけるように経済的に赤字にならないようにしたい。今、フリースクールの卒業生が、先生として働きたいといって戻ってきている。尊い働きである。でも、一定の給与を出せないと、生活も安定しないし、結婚をして家庭を築いていくということにもつながらない。この状態を何とか解消したい。二つ目の理由は、今のこのフリースクールが、今の場所以外でも意味を持つ働きだと思うからだ。レールから外れた、社会からはみ出たという感覚を持つ子どもたちに対する多様な学びの場所を与えることができることは価値があると考えている。また、田舎部において、過疎が進むと学校が閉校になっていく、子育ての環境がないので、結婚前後の若い世代が出ていく。そうすると過疎化が進む。でも実際は田舎は子育てしやすい場所でもあるし、こういったフリースクールは過疎化の対策にもなる。

3　したがって、具体的に、教育に関する特区の申請と、教育バウチャー制度（私立学校の学費など、学校教育に使用目的を限定した「クーポン」を子どもや保護者に直接支給することで、子どもが私立学校に通う家庭の学費負担を軽減するとともに、学校選択の幅を広げることで、学校間の競争により学校教育の質全体を引き上げようという私学補助金政策）の創設をやっていく。特区の申請ができれば、新設の高校の開設に繋がる。キリスト教中心主義の高校の新設ができれば、自分たち以外のフリースクールにも、「高校」の卒業資格を含めた制度上のメリットを提供できるし、就学支援金、私学助成を含め、経済的に還元できるものが生まれる。中小部に関しては、小規模でも支援金を受け取れる任意学校が作れる可能性がある。また、教育バウチャー制度の創設を通じて、従来の一本道の教育以外に対しても、対価を支払う形への道を開いていきたい。

⑥教会との関わりは

1　教会の牧師が、フリースクールの代表・校長であり、教会の信徒の中でフリースクールの運営に深く関わっている人もいる。また、教会の信徒・信徒の子どもでフリースクールの子どももいる。フリースクールは、グッドサマリタンチャーチ付属の活動だとも明記をしている。

2　しかし、同時に、日々の運営、資金などは切り離されている。フリースクールで働いている人が、全員、教会員でもないし、生徒が全員、教会員というわけでもない。

(イ) リバーシティチャーチ岡山

岡山県岡山市に位置します。岡山の中でも、繁華街・中心街ではなく、住宅地に立地している教会です。日本アッセンブリーズ・オブ・ゴッド教団に属しています。

二〇〇五年に活動を開始し、現在は、百八十名ぐらいの教会員がいます。特筆すべきは、その六割が三十歳未満、五割近くが十八歳以下の教会員であるということです。

主任牧師は牧一穂牧師です。現在、非常にかわいい雰囲気の教会堂を保有していますが、その教会堂は、子どもたちの活動場所・生活場所となっており、日曜日の礼拝は、外部の施設を借りて行っています。この教会堂において、小学生から高校生までの子どもたちを受け入れており、合宿形式を通じて、子どもたちの教育・受験勉強を見ています。

①始めたきっかけは?

1 教会のすぐ傍の公園で、公園伝道を行っていた。日曜の礼拝後に、公園で教会員が子どもたちと遊び、最後に牧師がお話をして、その中でイエス様のことに触れる、という働きだった。そうした働きをしている中で、子どもたちの成長に触れる働きを深めたいという思いが高まっていた。

2 一方で、信徒の子どもの中で、不登校になる子がいて、その子の勉強の面倒を見ることになった。一生懸命に関わったからか、非常に感謝をされ、勉強を見てあげる子どもが増えてきた。不登校というだけでなく、実際に勉強に打ち込むようになった子どもも出てきた。

3　そうした中で、一緒に勉強をしたい、という子どもが少しずつ増えてきた。基本は、共同生活をして、勉強もする、勉強を見る、という形である。

②運営の形態は？

1　教会そのものの活動ではないが、教会が大きく関わっている。現在、リバーサイドチャーチ岡山は、礼拝参加者が増えたこともあり、既存の教会堂では参加者が入りきれなくなった。そのため、日曜（と土曜日の活動の一部）だけは、外部の場所を借りて礼拝をしている。既存の礼拝堂は、もう完全に子どもたちの場所になった。礼拝堂の後ろに住宅も付属をしている。おおよそ三百平方メートルぐらいだ。

住宅の一階では、子どもたちが共同生活をしている。基本的には、みんなで寝て、起きて、勉強をして、しゃべる場所である。

二階は教会で奉仕のために外部から来てくださる牧師などの奉仕者の方がとまるゲストルームと、一部の子どもたちが生活をしている二部屋の合計で三部屋。

子どもたちだけにするわけにはいかないので、教会員の中の有志が、交代で、泊まり込んでいる。子どもたちの世話をして、勉強を見て、ということをやりたがる信徒も何名かおり、今のところは、この体制を組むのに苦労はしていない。

2　中学生の時から受け入れて、高校に合格をした後も、より上の大学を目指したいという子どもの意向から、引き続き共同生活を送っている子どもも多くいる。不登校の子ども、もっと勉強したい子からの参加希望も生まれ続けている。

③クリスチャンコードは？

1　運営側は、全員、教会員で行っている。

2　子どもたちは、入ってくる時にはノンクリスチャンが多い。ただ、受け入れる前に、親と面談をして、「教会が大きく関わっており、お祈りもするし、福音の話もする。結果として洗礼を受ける子どももいるが、それで良いでしょうか」という確認をした上で受け入れている。結果として、洗礼に導かれる子どもが非常に多い。

④課題は？

1　場所が足りなくなってきている。

この課題は、日曜日の礼拝を外部を借りることで解決をした。

2　土曜日は、子どもたちが中心になったバザーを定期的にやっている。子どもたちが屋台を準備したりしている。ここには、共同生活を送っている子どもたち以外も参加をしてきている。こういった子どもたちへの福音をどう伝えていくかを、より考えていきたい。

⑤五年後はどうしたい？

より大きな施設を借り、岡山市の協力も得ながら、さらに多くの子どもたちを見ていきたい。

⑥教会との関わりは？

外形的には教会の活動そのものでもある。しかし、実際は、教会の財政で賄っているわけではない。

牧牧師は、牧師としての活動以外に、曾祖父から続く事業があり、そちらの社長も行っている。その活動の中で、不動産を取得したりすることもある。現在の教会が日曜に礼拝を行なう場所などは、その事業活動に関わるものである。その事業活動にとっても、日曜日に遊休不動産を使ってくれる存在があるのは有難いことである。

したがって、教会と事業体の代表（牧師）は同一人物であるが、実際は、教会は、事業体と協力をしあいながら、子どもたちのことを見ている、という形である。

3　四セクター論の必要性

簡単に見てきたこの二事例には、共通することがあります。もちろん、子どもと若者に対して、愛の手を差し伸べ、労苦をいとわず働き、その働きを通じて福音を伝える、ということです。アガペーの愛を伝える素晴らしい働きです。特に不登校の子どもという、本来ならばそこに所属をすべきとされている「小学校」「中学校」「高校」という共同体から出てしまった子どもたちに対して、新しい別の共同体を提供をしています。この新しく提供された、既存の共同体とは違う新しい共同体によって、子どもたちの力は回復をしています。自分を育ててくれた場所に戻って、教師をしたい、次のより高いハードルへ向かって頑張りたい、という力を与えてくれます。教会が、このような働きをしていき、そして愛を伝え、福音が伝わっていく、若い人が悔い改めに導かれる。理想の形かもしれません。

ただ、実はそれだけでは無い、別の共通点があります。それは、この子どもたちへの活動のこの先として、両活動が思い描いている将来の姿は、「教会の活動ではない」ということです。

グッドサマリタンチャーチ：特区申請をし、学校を作る。

リバーサイドチャーチ岡山：企業・行政の力を活用しながら教育の専門施設を作る。

全ての教会が、志を高く持ち、このような活動を行っていかなければならない！いえいえ、それは無理です。金子牧師には、大勢の人に語り掛け、行政の機微を理解し、立法に通じるという賜物があります。牧牧師には、会社の損益を把握し、不動産を扱う賜物があります。どちらも「教会」「牧師」という存在に、通常に求められる賜物ではありません。これは、明らかに例外的な事例です。

日本の教会から発生した、注目もされてきた活動の事例は幾つかあります。

（ア）精神障害の回復施設の運営施設

（イ）デイケア施設
（ウ）農業の共同作業施設

どの事例も、幾つもの事例研究に取り上げられました。また、キリスト教の精神でもって、どのようにすればいいだろうか、と考えることで、それぞれの分野において、尊敬される・参考にされる運営形態を切り開いてきた先人の方々でもあります。

一方で、その活動を行う中心にいる牧師・信徒の所属をしていた教会が、活動を引っ張り、教会として飛躍的に成長を遂げた、という話は実はほとんど聞こえてきていません。

ここであえて経営学の話をします。経営学の重要な分野の一つが「資源配分」という分野です。「ヒト」「モノ」「カネ」を、どこにどう配分するか、ということを考えます。経営学は、この資源配分の問題を解決することが目的である、と定義をしている学者もいるぐらいです。会社の社員の人数は限られています。優秀な人に出会ったからといって、全員を採用をしていたら、アッという間に給与支払いだけで会社は潰れてしまいます。会社が保有をしている設備や原材料も限られています。ましてや、どんな大企業であっても、何にでも使えるお金が無尽蔵にあるわけではありません。銀行ですら潰れることがあるのですから。こういった限られた「資源」を、何に使うのかを考えるのが「資源配分」ということです。

では、この資源配分を行う際の基本的な考え方は何でしょうか？「集中と選択」という考え

〝緊急性が重要性を駆逐する〟

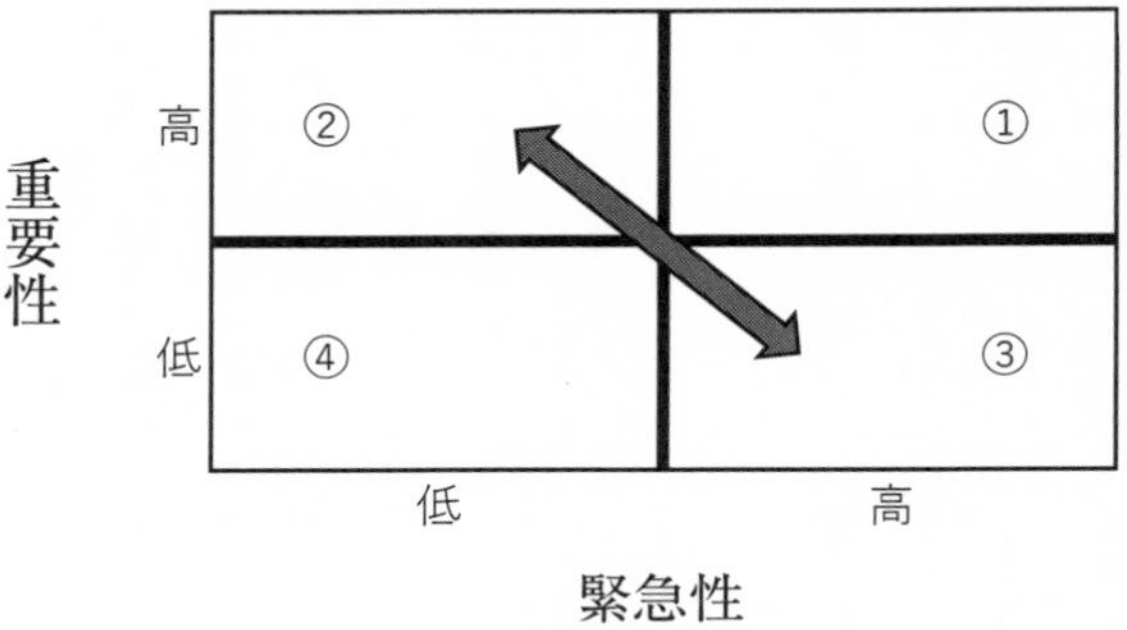

方になります。自分たちの会社にとって、重要なことは何か。もしかしたら、今、凄く時間やエネルギーを取られているけど、その緊急性の高い仕事は本当に重要なのだろうか？

上図は、縦軸に重要性、横軸に緊急性をとった図です。緊急で重要なものは、まず手掛けるでしょう。でも、その次は？意外と重要なものよりも、重要ではないけど緊急なものを手掛けていたりするかもしれません。こういった整理をちゃんと行って、限られた資源を重要なものに使う、ということが必要です。

では、教会はどうでしょうか？　信徒のかなりの割合は、平日には仕事をしているでしょう。教会に膨大で高価な設備がありますか？　教会はお金持ち？　本当は、教会＝限られた資源しか保有をしていない存在こそが、どの活動に集中をすべきかを考えないといけないのです。この資源配分、集中と選

四セクター論

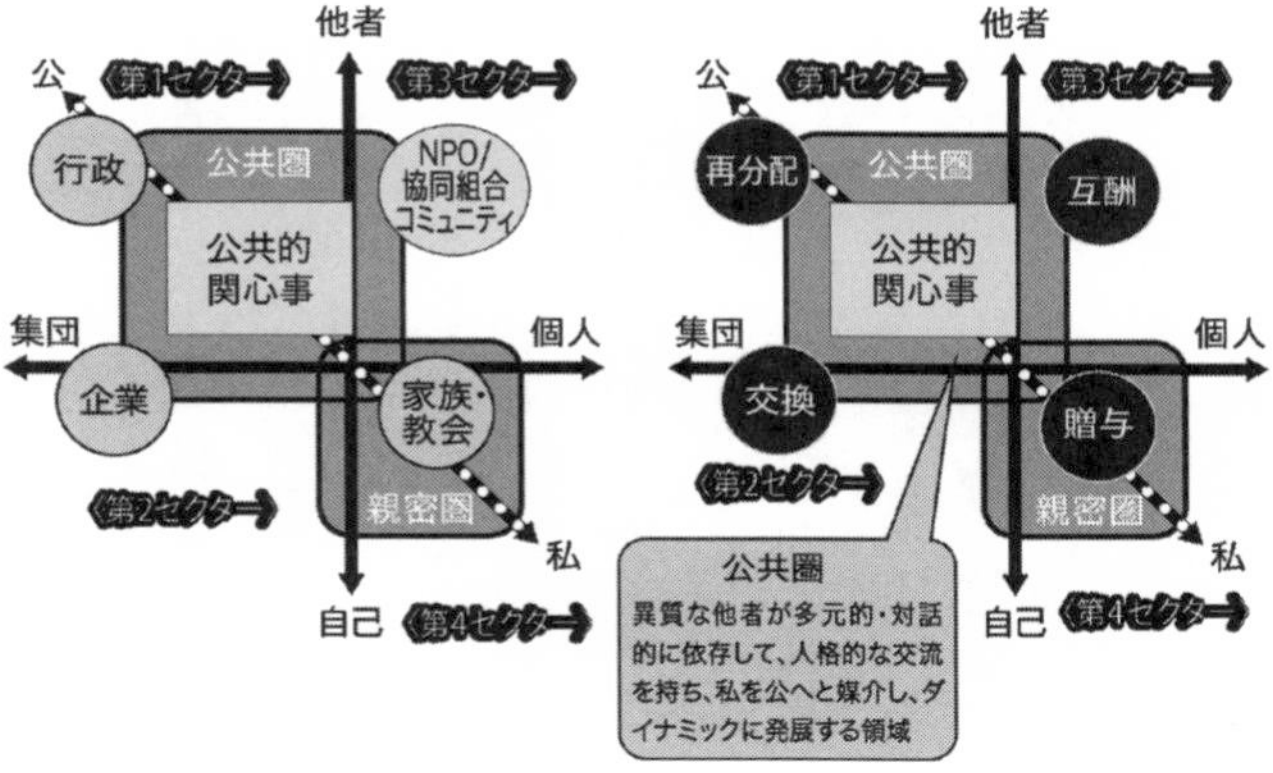

択をしっかりと考えないといけません。

ここで、四セクター論の図を、もう一度掲載します。教会が位置づけられているところを、確認ください。教会は、親密圏、というところに位置付けられています。

親密圏とは、「愛などの情緒的結合を基礎に結び付いた人間関係からなる領域であり、具体的で代替不可能な他者との関係が営まれる場」（アーレント）、「市場の過酷な競争からの退避地であるこの親密圏は、自由な結合による愛の共同体であり、また教養形成の現場ともなる」（ハーバーマス）という場所です。国会を通じた立法や不動産取引といった場所ではありません。

教会が位置づけられている第４セクターの上側には、第３セクターがあります。ＮＰＯ／協同組合などの非営利団体が、ここに該当します。国・地方公共団体と民間の共同での出資・運営による企業も日本では第3セクターと言いますが、これは自治体・国家財政のため、あるいは行財政改革のための行動であり、日本以外で広く見られるものではないので、ここでの議論からは省きます。グッドサマリタンチャーチが行っているフリースクールは、第3セクターの活動といえる活動です。

左側を見ましょう。ここには企業があります。第2セクターと言われる存在です。リバーサイドチャーチ岡山が行っている子ども向けの教育は、この第2セクターの活動といえる活動です。

そして、グッドサマリタンチャーチもリバーサイドチャーチ岡山も、うまくこういった第2セクター的、第3セクター的な活動と、教会の活動とは別だけど、協力し合うものとして動いています。既存の共同体から出てしまった子どもたちを迎え入れる新しい共同体を作る。それは第2セクター的な、第3セクター的な活動でしょう。そして、その中で出会った子どもたちの一人一人の魂と向き合うことで、福音が伝わっていく。これは第4セクターの教会としての活動です。

グッドサマリタンチャーチの事例研究のために、金子牧師にインタビューをさせていただいた時に、非常に印象的な言葉をおっしゃっていらっしゃいました。

「もし、フリースクール、あるいは介護の事業だけに専念をしたら、どんどん規模を大きくすることも可能だったかもしれません。でも、その時には、キリスト教から離れたものになっていっていたでしょう。それは違う。自分は牧師であり、福音を伝えることが召命です。でも、フリースクールの活動は教会にとっても、色々な子どもたちと接していく場として重要です。だから、特区やバウチャー制度などを通じて、横展開ができるように、一つの型になるようにしたいのです。」

横展開をしていった時のフリースクールは、個々の教会が運営をするものではないのかもしれません。ただ、そのフリースクールに、色々な教会が関わりを持っていく、ということに、福音伝道の道が開けるのではないでしょうか。

教会が、一番に選択すべき・集中すべき活動は、一人一人の魂と向き合うことから始まるのでしょう。しかし、その上で、様々な第3セクター・第2セクターと接点を持ち、一緒に公共圏を作っていくということは、この二つの事例からの、この先にある事柄と考えます。

再度、経営学の「資源配分」に戻ります。一人の牧師・一つの教会が、教会もフリースクールも、介護の社会福祉法人も、何もかもやるのは、何も成果を生みません。集中と選択というのは、自分のやるべきことに集中をし、同時に、それ以外のことに関しては、積極的に他者と連携をするということを意味しています。一人の牧師が、あるいは一つの教会が、社会奉仕をやるならば、牧会活動と立派に両立をさせなければならない、と考えていなかったでしょうか？　残念ながら、今までの日本ではそういった立派な事例はほとんどありません。何もかもできるスーパーマンはいないのです。

四セクター論は、以下のことを主張する論です。

●教会は親密圏にある第4セクターである

●第1から第4までの各セクターは、連携をして「公共」を確立し、「公共の福祉」の構築に関われる

●第4セクターである教会は、教会でありながら、第1から第3までの各セクターと協力ができる。それは自分で第3・第2セクターをやれ、ということではなく、連携をとり真ん中にある公共圏の活性化に資する、ということである。

●連携とはコミュニケーション、つまり人と人とを結び付ける能力であり、聖霊の働きだということです。いや、それを信ずるからこそクリスチャンの出番が要求されるということなのです。

結果として、四セクター論は、教会派・社会派という二項対立を克服します。教会が社会変革をやるでもなく、教会は教会だけであるのでもなく、社会の中において、他のセクターと連携をしながら、公共に資する、という道です。

神は、神が創造をされたこの世界において、原罪による堕落後も、その腐敗の過程を緩め、創造主としての神を称えるようにと共通恩恵を下さいました。この創造と摂理の土台をもとにした共通恩恵は、社会の中における公共に流れ込んでいます。われわれは、第4セクターである教会から、この共通恩恵があるという認識をもとに、他の第1から第3までの各セクターと連携をしていかなければならないのです。

4　行政との連携を通じて公共に関わる事例

では、どのような連携があるのでしょうか。何らかの社会活動支援をしているNPO団体などに出入りをして、集会を持たせてもらう、などは想像をしやすいかもしれません。でも、それだけではありません。すでに有機体としての教会という概念を提示しました。親密圏に位置するのは、制度としての教会です。

地方自治の中で、有機体としての教会としての活動をしている事例があります。埼玉県戸田市の二人の牧師の方々の取り組みです。

一九九七年に大阪府箕面市でまちづくり理念条例が策定をされました。二〇〇〇年には北海道ニセコ町でニセコ町づくり基本条例が策定をされました。この動きを皮切りに、幾つもの地方自治体で「自治基本条例」と言われる条例が策定をされていきました。住民自治に基づく自治体運営の基本原則を定めた条例であり、「自治体の憲法」と言われるものです。

埼玉県戸田市は、東京都北区・板橋区とさいたま市の間に位置する人口十五万人前後の市です。二〇一四年に戸田市自治基本条例が制定をされました。この制定までのプロセスをリードし、その後も、自治基本条例に基づく活動を引っ張ってきたのが、戸田市の二人の牧師、横山誠牧師と播義也牧師です。二〇一二年からの市民講座、ワークショップ、二〇一三年からは市民会議を始め、この積み重ねを経て二〇一四年に条例が制定をされます。この制定後には、自治基本条例推進委員会が設置をされ、おおよそ二か月毎に委員会が開催をされながら、啓蒙活動・現場での改善活動などが継続をしてきました。戸田市の住民基本条例を作り、その後の定着活動を行っていくリーダーとして、十年間にわたり、お二人が引っ張ってきたといっても過言ではありません。実際に、推進委員会の委員長は、横山誠牧師と播義也牧師が交互に務めてきました。

ただ、この仕事をお二人は「牧師」として行ったのではありません。戸田市に居住をする一市民として行いました。二人とも牧師だったこともあり、クリスチャンだけで委員会を行っているじゃないかと言われるのを避け、より多くの市民に参加を促すためにも、肩書をむしろ隠しての活動でした。ただ、クリスチャンとして、「隣人をどう考えるのか、共同体をどう考えるのか」という視点は忘れずに活動をされたそうです。そして、この十年間の間に以下のことが起きました。

（ア）教会に創価学会の方が来て、信仰に関する対話もするようになりました。
① 戸田市では、公明党が市議会で大きな勢力を持っています。
② 住民基本条例の推進委員会の真摯な議論をみたところから、始まりました

（イ）教会員の中から、各自の地元の活動に加わる方が出るようになりました。
① 教会の外に出る活動に繋がったということです。

教会と政治、という話になると、この数十年間だけでも、議論が分かれ、立場を異にする出来

事が多くあったかと思います。外交や軍事、税体系の見直しなど。どれもクリスチャンの中でも、プロテスタントの中でも、福音主義の中でも、様々な立場があり、なかなか、一つになれない事柄です。

でも、ここで、もう一度、ここまでの議論を振り返りましょう。教会と社会という論点は、教会と国家という論点ではありません。日本においても、現実には地方分権が、ゆっくりとですが進んでいます。もちろん、公共の福祉は、国としての方向性、国としての制度、国としての支援がないとできないこともあるでしょう。でも、まず考えるスタートになるのは、自分が住んでいる場所・働いている場所に、どう具体的に関わるのか、ということです。地方自治、住民自治という問題は、今までに理解をされてきた国の「政治」とは異なる論点です。「政治」ではなく「公共」の論点なのです。地域のコミュニティをどのように考えるのか、日々の身近なことをどのように考えるのか。そういった論点の中で、われわれ、クリスチャンが、キリスト教の世界観、倫理をどのように実践をしていくのか、という具体的で身近な論点です。

5　社会の中でのクリスチャン

さらにもう一つ、取り組みを紹介しましょう。LIGHT PROJECTという信徒向けのトレーニングプログラムがあります。「信仰と仕事」という切り口で、働くクリスチャンが、仕事を通じて、職場や家庭という働く場所でイエスの光を輝かせるために、励まし、訓練する、という取り組みを行っています。会社で働くのは、もちろん「仕事」です。でも家事も介護も「仕事」です。人の生活は「仕事」とは切り離せません。

LIGHT PROJECTは、二〇一七年十一月に始まって六年目の取り組みですが、その中核をなす信仰と仕事シーズン1という基礎コースには既に百十を超える教会に所属する二百二十名以上の方々が参加されています。

現在、トレーニングプログラムには二段階があり、一クール八～十回程度のコースを提供するというものになります。参加している人で一番に多い層は、普通に会社勤めをしている若いクリスチャン。成功したビジネスマンではなく、社会人になって三年目ぐらいで、これからの仕事人生をどうやっていけばいいのか、手探りで探している方々です。さらに、十年目ぐらいで仕事人生を再確認されたい方や、定年前の方々で、これからどうしようかと悩んで参加をされていらっしゃいます。他にも信仰をどう仕事で示したら良いのかと迷っておられる方もいらっしゃいます。驚くことに、一般社会の仕事は価値がないとか、さらには呪いだと考えておられるキリスト者がたくさんおられます。そして、日曜日の礼拝での顔と、平日の職場での顔は、別の顔をして生活をしていることとさえ気づいていないという状態で、コースを受け始められます。

コースの内容は、福音とは何か、「神は最初から仕事をされていた」から始まって、自分のしている仕事は何の召命なのだろうか？　と考えていくようになっていく流れです。大雑把に以下の構成になっています。

信仰と仕事シーズン１：八回構成、講義中心とグループディスカッション、「信仰と仕事の統合」を探求創造：仕事の意味や価値、召命など、神のもともとの計画（二回）、堕落：個人的および社会的な罪と、その仕事への影響（三回）、贖いと回復：悔い改めと共通恩恵、二元論、神のこの世界の回復への参画（三回）

信仰と仕事シーズン２：十回構成、グループディスカッションが半分ぐらい、信仰の仕事への適用を探求

仕事と福音（三回）、神の創造におけるパートナーとして仕事を通じて見せる神のかたちと態度（二回）、神の供給におけるパートナーとして仕事を通じてのしもべと執事であるキリスト者（二回）、神の贖いの働きのおけるパートナーとしての使節と使者であるキリスト者（二回）、毎日の安息（一回）

分かち合いをするときの後半での課題には以下があります。

「同僚や隣人の仕事の背後にある神の手のわざを見られますか」

「神に頼らず、自分自身の力で名を上げようとしていることはありますか？」
「福音を、どのように自分の仕事や仕事のやり方に当てはめることができると思いますか？」
「あなたにとっては、『主』に仕えるように仕事をすることは、どういうことですか？」
などといったものです。

このプログラムを見て分かるとおり、仕事をキリスト教の世界観・倫理の観点から捉えなおし、神からそれぞれの場所に派遣されている個々人が、どのように考え、どのように福音を現していったらいいかを探求するトレーニングになります。

仕事と信仰は対立するものでもなく、関係のないものでもなく、統合されるべきものなのだというのが、このトレーニングプログラムの根底に流れている考え方です。結果として、個々の信徒が、仕事を通じて福音に生きる姿を現し、周りや社会に福音のインパクトを与えていく、ということを目指すものになります。

トレーニングコース以外にも、セミナー、ビデオ、ブログや書籍によって、様々な方がどのように信仰を仕事に適用しているかという実際の例を提示したり、疑問を提示しています。卒業生の中では、神が創世記で人間に与えてくださった責務である「地を従えよ」という文化命令からアイデアが与えられ、会社のプロジェクトとして発展させた例があります。文化命令とは、神が創造された人間を含む被造物を配慮し養うということです。このプロジェクトは、ＳＤＧｓにも関連したもので、会社自体の価値をも向上させ、社会にも貢献しています。まさに神の創造を発展させ、贖いと回復のパートナーとして、この世界に福音のインパクトを与えるものです。レポート課題の一つに、「二元性の考察」というものがあります。それぞれの参加者が、会社や業界および自分の仕事をキリスト教の世界観から考察します。

「神の創造にまで遡《さかのぼ》り神の賜物を反映しているものは何か」、「堕落が与えた影響はどのようなものか」、「イエスの贖いの恵みを適用し、堕落の影響を止めることができるか」、「福音によって神の創造の働きをさらに前進することができるか」を考える課題です。この課題においては、この世界、特に一般社会が罪によって堕落してしまったという影響だけで終わることなく、実は共通恩恵によって神の良い働きが表れている部分もあり、さらに福音を適用できるということへの気づきを促そうとしています。

単純に善悪で理解するべきではないことが分かります。例えば、会社組織では、利益を追求し過ぎたり、腐敗したりといった堕落の影響があります。でも同時に、ほぼすべての会社のビジョンは社会や顧客に貢献することを掲げてもいます。むしろ、その目指しているビジョンの方が、本当に実現したい会社の姿かもしれません。銀行業においては、顧客の立場に立って持続可能な返済計画を提案するとか、貿易業では、公正取引（フェアトレード）を導入して発展途上国の産業や環境改善に貢献するような組織としての側面なども考えられます。また、同僚や取引先を尊重して、互いの存在に感謝を表したり、相手を否定する言葉を使わないというような日常できる「隣人を愛する」という個人的な側面も含まれます。真摯に目の前の仕事を行うということ自体にも神の回復の役割に関わっています。こういった中で、一人一人の人が、キリスト教の世界観によって、行動をしていくことで、福音が伝わっていく可能性が生まれるのです。働く場所で教会開拓をする『福音に生きる宣教師』が生まれていけばいいですね、とLIGHT PROJECTの主催者の方はおっしゃっています。

このLIGHT PROJECTは、個々の制度的教会の働きではありません。また、このLIGHT PROJECTを通じて、何かしら新しい教会を作ろうという働きでもありません。また、制度的教会と競合する働きでもありません。個々の信徒を励まし、仕事の場において、信仰を証する後押しをしたいという独立をした動きになります。

この個々の信徒の働きが、有機体としての教会という働きになるのです。この有機体としての教会は、協労により、制度的教会を活気づける働きともなります。

いままであまり注目をされてこなかったのですが、有機体としての教会は、宣教活動においては第一線の非常に効果的な位置も占めます。特に、忙しく、人生のほとんどを働く場所で過ごしている日本人にとって、すでに様々な場所に遣わされ、その場所での人間関係を結び、状況も知っているキリスト者一人一人が宣教師と位置付けられるからです。

6　社会と公共圏

制度的教会の持てる力は、現代日本において、限られています。その限られた資源をどのように使うのか、ということをこの章では議論をしてきました。そして、幾つかの事例を見てきました。

まずは四セクター論を通じて、単独の教会が何もかもやろうとするのではなく、第1から第3の各セクターと連携を取りながら、公共圏に参加をしていく、という考え方と事例を紹介をしました。

さらには、有機体としての教会に基づき、各クリスチャンが、それぞれの置かれた場所である、地方自治あるいは職場を通じて、イエス様の火をともす、という取り組みについて紹介をしてきました。

ここで重要だと考えているのは、次の点です。

・公共圏とは、一般的に言われる「政治」ではなく、自治、社会に関わる定義だということ。
・教会が何もかもやろうとするのではなく、他のセクターの人たちと協働するということ。
・制度的教会の働きだけでなく、クリスチャン個々が、それぞれが仕事を通じてイエス様を証しするという姿を見せるということができるということ。

福音とは、決して救いだけの話ではありません。ここで紹介したのは、イエス様から始まり、多様な側面を持つ福音を、この社会の中で、どう生きかつ伝えていくかという道筋を模索している方々が多くおられるということです。

あとがき

私（水山）が洗礼を受けたのは四十歳の時でした。

それまでの私の人生は、外資のコンサルティング会社でスピード出世をしたり、起業をして成功をしたり、というスーパーエリートというべきものでした。しかし、リーマンショックで、大きな失敗をし、閉門蟄居状態になってしまいます。その時に出会った妻に導かれ、悔い改め、救われました。

神よ、あなたに感謝をいたします。


洗礼を受けた頃の私は、幾つかのレストランを経営したりしていました。洗礼を受けた喜びを伝えたくて、代官山に聖書を並べたレストランを開いたりもしました。もともとライブハウスだった大きな空間に色々な形の聖書を並べて。結婚式も少しは入ったのでしょうか。私の知り合いなどで、クリスチャンの集まりにも少しは使われました。でも、聖書が飾りでしかなく、単なるお洒落なカフェでした。スタッフも聖書に関心はなく、チャプレンもいない。失敗に終わりました。家賃の値上げなどをきっかけに、このお店は私の手を離れました。

その後、東銀座で、また聖書を並べた小さなレストランをやりました。妻の繋がりのシンガポールのクリスチャンたちが、アルファという学びをしており、その学びの場になれば、という思いもありました。一般的な色々な人たちに聖書を手に取ってもらう、ということが目的ではなく、自分たちの勉強の場そして自分たちの周囲の人たちに福音を伝えられれば、という目的でした。でも、何も生まれない。確かに私は神を信じている。だけど、他の人に伝えられるだけのものが私の中にない。喜びはある。聖書を開くことはできる。だけど、それ以上、話すことができない。

その後、しばらくして、自分の召命に気づかされました。自分がそれまでにしてきたコンサルティングや企業、ベンチャー育成といった仕事は、日本宣教で用いるべき経験だったのではないかと。日本でキリスト教が浸透していかない理由は、色々と言われています。でも、そのどれもが、私には腑に落ちません。

もし、日本でキリスト教の信者の割合が、四〇パーセントが上限なのか（今の韓国ですね）、八〇パーセントなのか、はたまた二〇パーセントなのか、と言われたら、日本でキリスト教が浸透しない理由として言われていることも、議論すべきことになるのかもしれません。ただ、今は一パーセントです。一パーセントを二パーセントにできないか、三パーセントにできないか、というレベルの時には、日本全体で、なぜ、キリスト教が浸透しないのかといった理由は関係がありません。

一つ、お話を紹介させてください。

マーケティングの基礎を学ぶための有名な話です。

ある靴会社の営業が、南の島に行った、そこでは誰も靴を履いていなかった。一人の営業は本社に「駄目です。誰も靴を履いていないので売れません」と報告をし、戻っていった。もう一人の営業は、「凄いです！まだ誰も靴を履いていません。これは凄く大きな手つかずの市場です。期待してください」と連絡をした。

この二人の考え方の違いが、起業家マインドがあるかないか、というものです。そして、起業家マインドというのは、「私が可能性があると思う、この思いを人々に伝えたい！」というものです。私には、日本宣教というのは、可能性だけしかないものに見えるのです。

召命を受け、東京基督教大学に入り、すぐに大学院に移ることができました。そして、稲垣久和先生との出会いを受け、公共、教会、日本宣教ということを考える場を頂くことができました。今、色々な教会への訪問を始めさせていただいています。色々なところに、日本宣教のヒントが眠っています。ただ、そういったヒントは、体系化され、実際に横展開ができる、使えるものにならないといけません。そして、それは、共通恩恵に基づいて、社会の中で生きたものにならないといけません。

ここで、第二章の言葉を、もう一度、繰り返しましょう。
キリスト教神学とは単独でなされる学問領域ではなく人間の他領域と絡み合いながら発展してきた学問なのです。

今後の日本宣教に対して、何らかのインパクトをもたらし、役割を果たすために、我々は、新しいキリスト教のシンクタンクを設立します。単に研究をするだけではなく、実際に新しい教会群が生み出されていくための支援をしていきます。

このシンクタンクを起点として、今回は議論の入り口だけを提示した各論点に関して、これから順次、深掘り、紹介をしていきます。そして特に、現代の日本における教会共同体とは何かということを提示していきます。研究者、実務者の仲間も募集をしています。

資料　シンクタンク・公共哲学設立趣意書

シンクタンク・公共哲学　設立趣意書

一五四九年に日本にキリスト教が伝来した。もう五百年弱が経過している。また、明治維新のかなり前にキリスト教は再度、日本に来た。その二回目から数えても百五十年以上が経過している。そして、この間、多くの宣教師が日本に身を投じた。使命に燃える教職者たちが尊い働きをし、多くの信徒が恵みにあずかってきた。

しかし、今の日本において、キリスト教徒の数は、人口の一パーセント程度である。キリスト教は私事化されたままであり、公共的になりえていない。

もちろん、重要なのは数ではない。教会の人数を誇るのは、神の意志ではないと考える。ただ、日本において聖書のメッセージと世界観は社会に対して十分に伝わっているだろうか？日本において、教会は、社会と遊離せずに、閉じこもらずに活動できているだろうか？　その共同体の扉は隣人に対して開かれているだろうか？　日本において、一人一人の信徒は、日常生活の中で、イエス・キリストを証しできているだろうか？

日本において、教会共同体は、そのあり方を刷新せねばならない。何かの爆発を望むのではなく、イエス・キリストの愛を証ししていきながら、教会共同体を基盤として、着実に、継続をして、神の国を宣べ伝えていかねばならない。

日本において、この状況を生むために、我々は以下のテーマへの回答を提示すべくシンクタンクとして活動を始めたい。
1　キリスト教を含む日本の社会を捉え、神学の必要性を論じるところから始める。
2　教会共同体を定義しなおして、今後の変化の方向性を提示する。
3　神の国の福音を宣べ伝えていく具体的な宣教戦略を構築していく。それが人びとの幸福と公共の福祉に資する道だと信じるからである。
したがって、公共神学、教会論、宣教学という分野の日本の文脈に合った展開が我々の活動目的である。

そして、我々は、実際に今の日本の現状を踏まえて行動していくために
1　研究活動、出版活動を積極的に行うが、それのみにとどまらず
2　新しい開拓グループへの支援を行い
3　様々なグループへの継続的な相互の学びあい、情報提供の支援をも含む活動を順次に展開をしていく。

神の恵みにあずかり、神の国の一員となった、その喜びを伝えたいという、あの歓喜を胸に抱いて。

二〇二三年九月

東京基督教大学　名誉教授　稲垣　久和
連続起業家　水山　裕文

稲垣久和（いながき ひさかず）
1947年生まれ。東京基督教大学名誉教授。1975年東京都立大学大学院博士課程修了（理学博士）。CERN（ジュネーブ欧州共同原子核研究所）研究員を経て哲学・神学に転向する。アムステルダム自由大学哲学部、神学部で研究員、客員教授を経て1990年から東京基督教大学教授を勤め2022年に退職。著書に『宗教と公共哲学』（東京大学出版会、2004年）、『働くことの哲学』（明石書店、2019年）など多数。

水山裕文（みずやま ひろふみ）
1971年生まれ。東京大学経済学部卒業後、1995年、ボストン・コンサルティング・グループに入社。その後、ベンチャーキャピタルを経験して、複数回の起業を行ってきた。国内、海外を含め4回の上場を主導、経験。2022年に東京基督教大学に入学、2023年に東京基督教大学大学院に飛び級で進学。連絡先：mizuyama@public-theology.com

閉塞日本を変えるキリスト教
2023年10月30日発行

著者 稲垣久和　水山裕文

発行 いのちのことば社
〒164-0001 東京都中野区中野2-1-5
編集 Tel.03-5341-6924 Fax. 03-5341-6932
営業 Tel.03-5341-6920 Fax. 03-5341-6921

新刊情報はこちら

装丁 ロゴス・デザイン 長尾優

印刷・製本 日本ハイコム株式会社

聖書 新改訳2017©2017 新日本聖書刊行会

落丁・乱丁はお取り替えいたします。 Printed in Japan
 ISBN978-4-264-04456-7